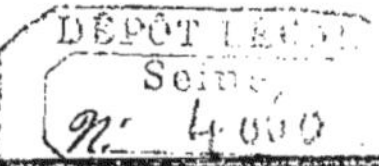

ALBUM DRAMATIQUE

Recueil de Pièces Nouvelles jouées sur tous les Théâtres de Paris.

THÉATRE DES FOLIES-DRAMATIQUES

LES

COUVERTS D'ARGENT

VAUDEVILLE EN TROIS ACTES

PAR MM. HENRI CHIVOT ET ALFRED DURU

Prix : 50 Centimes.

PARIS

Au magasin des Pièces de Théâtres anciennes et nouvelles,

MIFLIEZ, LIBRAIRE-ÉDITEUR, PASSAGE VENDOME, 19.

TRESSE, successeur de Barba, Palais-Royal, galerie de Chartres, 2 et 3.

1862

50 C. MIFLIEZ, LIBRAIRE-ÉDITEUR, PASSAGE VENDOME, 19 50 C.

LES COUVERTS D'ARGENT

VAUDEVILLE EN TROIS ACTES

DE MM. HENRI CHIVOT ET ALFRED DURU

Représenté pour la première fois, à Paris, sur le th. des Folies-Dramat., le 12 mai 1862.

DISTRIBUTION :

CHALUMEAU, perruquier. . .	MM. **Vavasseur.**	Un employé du chemin de fer. } Utilités	**Gustave.**
BARBACANE, ancien plumassier.	**Patonnelle.**	Un domestique . . . . . } Utilités	**Marjollet.**
GEORGES VANDERCK, jeune officier belge.	**Saverny.**	MADAME CHALUMEAU. .	Mlles **Kid.**
PIQUEPOT, ami de Barbacane	**Jeault.**	BLANCHE, fille de Barbacane	**Anna.**
BRICOLLE, 1er garde forestier } Utilités	**Marcillet.**	MADAME DUMONT, dame de compagnie de Mlle Barbacane	**Elise.**
LÉONARD, 2e — } Utilités	**Blanquin.**	Paysans, Paysannes.	

La scène se passe à Picquigny, près d'Amiens, en 1862.

ACTE PREMIER.

A PICQUIGNY.

Le théâtre représente une place publique. Au fond la station du chemin de fer. Devant la station une barrière en bois avec une petite porte. — Au premier plan à gauche une maison dont le rez-de-chaussée est occupé par une boutique de coiffeur, avec cette enseigne : *Chalumeau, perruquier-coiffeur.* Cette boutique est praticable. — Au fond une porte donnant dans une autre pièce ; cette pièce a une fenêtre ouvrant sur la scène au premier plan. — A droite des arbres.

SCÈNE PREMIÈRE

GEORGES, puis MADAME CHALUMEAU.

Au lever du rideau il fait petit jour. La boutique est fermée et la scène est vide. L'orchestre joue un trémolo. Un homme enveloppé dans un manteau paraît au fond et regarde autour de lui ; quand il s'est assuré qu'il est bien seul, il s'avance rapidement vers la boutique et frappe au volet de la petite fenêtre.

GEORGES (*frappant au volet*). Madame Chalumeau...

MAD. CHALUMEAU (*ouvrant le volet*). M. Georges... déjà !

GEORGES (*prenant sous son manteau un petit paquet et le lui donnant*). Tenez, en voilà encore deux... mettez-les avec les autres... on est sur mes traces... je me sauve... (*Il fait quelques pas, et revient*). A propos, à quelle heure le train pour Bruxelles?

MAD. CHALUMEAU. A sept heures.

GEORGES. Merci (*il disparaît vivement par le fond à gauche*).

SCÈNE II.

MADAME CHALUMEAU à sa fenêtre.

MAD. CHALUMEAU. Trente-et-un et deux font trente-trois... trente-trois couverts. Si cela continue longtemps, ce pauvre M. Barbacane finira par ne plus avoir une cuiller pour manger sa soupe.

Elle ferme la fenêtre et disparaît ; au même moment Barbacane entre par la droite, suivi de Piquepot, Bricolle, Léonard et d'une foule de paysans et de paysannes.

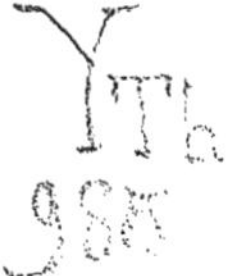

SCÈNE III.

BARBACANE, PIQUEPOT, BRICOLLE, LÉONARD, Villageois et Villageoises.

CHOEUR

AIR : *Grand Dieu! quel esclandre! (Je marie Victoire).* (1)

BARBACANE.

Il aura dû suivre
Le chemin de fer,
Je veux le poursuivre
Jusque dans l'enfer !

LES AUTRES.

Il aura dû suivre
Le chemin de fer.
Il faut le poursuivre
Jusque dans l'enfer!

BARBACANE (*furieux*). C'est une indignité, une monstruosité !...

PIQUEPOT (*doucement*). Mon honorable ami, calmez-vous...

BARBACANE (*avec force*). Je ne veux pas me calmer, je veux être en colère...

PIQUEPOT. Vous avez raison.

BARBACANE. Non, je n'ai pas raison... le calme vaudrait beaucoup mieux... il me faudrait du sang-froid...

PIQUEPOT. Certainement.

BARBACANE. Mais je ne peux pas en avoir... ça m'est impossible... cette situation est intolérable...

PIQUEPOT. Intolérable est le mot.

(1) Barbacane, Piquepot, les deux gardes au-dessus.

BARBACANE. Malgré la surveillance de mes deux gardes, quoique je ne dorme que d'un œil, un audaci ux filou s'introduit chez moi... à quelle heure? je n'en sais rien... par où? je n'en sais rien...

PIQUEPOT. Nous n'en savons rien.

BARBACANE. Et il me chippe, pièce par pièce, tous mes couverts d'argent... pourquoi toujours des couverts? je l'ignore...

PIQUEPOT. Nous l'ignorons.

BARBACANE. Ce voleur est un sylphe ou nous sommes des imbécilles.

PIQUEPOT. C'est évident.

BARBACANE. Qu'est-ce qui est évident?

PIQUEPOT. Ce que vous venez de dire. Mais voulez-vous, mon honorable ami, me permettre une observation?

BARBACANE (1). Non, je suis un homme d'action, moi... pas de paroles, des faits!... qu'est-ce qu'il me faut, en définitive?

PIQUEPOT. Je ne sais pas trop...

BARBACANE. Vous ne savez jamais rien... Il me faut, je vous l'ai déjà dit, un homme adroit, un régisseur habile que je puisse mettre aux prises avec le gredin qui me dévalise... trouvez-moi cet homme-là, Piquepot, et vous me prouverez que vous êtes bon à quelque chose...

PIQUEPOT. Soyez tranquille, je chercherai.

BARBACANE. Saprebleu, ne dites pas: je chercherai, dites: je trouverai...

PIQUEPOT (2). La langue m'a fourché... je trouverai...

BARBACANE. C'est bon... nous verrons cela... je déteste les phraseurs... je suis un homme d'action, moi!... j'ai fait ma fortune moi-même, moi!... et je n'en rougis pas.

PIQUEPOT. Il n'y a pas de quoi rougir...

BARBACANE (*s'échauffant*). Je ne dois rien à personne, j'ai vingt cinq mille livre de rente, et une maison de campagne à vingt minutes d'ici, une maison superbe avec un parc de 30 arpents; et j'ai gagné tout cela dans la plume, parceque je suis un homme intelligent, moi!...

PIQUEPOT. C'est vrai.

BARBACANE. Et cependant je ne suis pas complètement heureux, pourquoi? — Parcequ'au bout de mon parc, il y a une autre maison, et que cette maison m'empêche des fenêtres de mon immeuble, d'apercevoir la campagne et le chemin de fer. Cette maison est le désespoir de mes jours, le cauchemard de mes nuits! Je suis descendu, moi, Barbacane, l'homme indépendant, jusqu'à faire des offres ruineuses au propriétaire de ce tas de moëllons, un vieux crétin nommé Boniface Albatros, qui demeure à Londres. Il a tout repoussé l'animal, le butor, le... (*changeant brusquement de ton*). Mais qui est-ce qui vous a prié de venir me parler de cela? vous voulez donc m'achever! vous voulez donc me donner un coup de sang!...

PIQUEPOT (*doucement*). Mais ce n'est pas moi...

BARBACANE (*l'interrompant*) (3). En voila assez, pas tant de paroles, occupons nous du plus pressé; il y a des autorités ici, où il n'y en a pas; je vais chez le maire, il doit me prêter main forte. — C'est son devoir...

PIQUEPOT. Je dirai plus, c'est...

BARBACANE (*furieux*). Vous n'avez pas besoin d'en dire davantage. Dépêchons, ma fille doit sécher d'impatience; cette chère enfant que j'adore, m'agace horriblement les nerfs... conçoit-on qu'elle se trouve mal toutes les fois que nous nous mettons à la poursuite de ce chenapan?... C'est absurde!

PIQUEPOT. C'est ridicule...

BARBACANE (*brusquement*). Absurde, oui, — ridicule, non, — On ne peut pas exiger d'une femme l'énergie d'un homme...

PIQUEPOT (*doucement*). Je retire le mot.

BARBACANE (*de même*). Pourquoi le retirez-vous? Vous n'avez donc pas le courage de votre opinion? (*Piquepot va pour répondre*). Allons, assez! Vous me faites perdre mon temps. Je vais chez le maire... Marchons!...

CHOEUR.

AIR: *Prenez-y garde* (de Giralda).

BARBACANE.

Plus de parole,
Puisqu'on me vole
Ici morbleu
Nous allons voir beau jeu!
M. le maire.
Dans cette affaire,
Doit aujourd'hui
Me prêter son appui.

LES AUTRES.

Plus de parole,
Puisqu'on le vole,
Ici morbleu
Nous allons voir beau jeu!
M. le maire,
Dans cette affaire,
Doit aujourd'hui
Lui prêter son appui.

BARBACANE (*aux deux gardes*). Suivez-moi, imbéciles!

REPRISE DU CHOEUR.

(*Barbacane sort suivi des deux gardes. — Piquepot reste seul.*

SCENE IV.

PIQUEPOT puis MADAME CHALUMEAU.

PIQUEPOT. Est-il gracieux mon honorable ami; Ah! s'il n'avait pas un excellent cuisinier!... Car enfin c'est beaucoup de pouvoir dire de quelqu'un: La tête est mauvaise, mais la sauce est bonne... (*Madame Chalumeau commence à ouvrir la boutique*). Eh! je ne me trompe pas, voilà la jolie barbière qui ouvre sa boutique, si je profitais de l'absence de son crétin de mari pour lui dépeindre ma flamme; c'est une idée...

MAD. CHALUMEAU (*tout en ouvrant sa boutique*).

AIR: *Une heure encore et je serai sa femme* (Dragons de Villars).

Ouvrons sans tarder cette boutique,
Et que tout soit prêt pour la pratique.
Pommade, élixir
Ou cosmétique
Nous tenons de tout, on va vous servir.
A la boutique!
Un cosmétique!
Chaque pratique
Vient m'étourdir...
Tous ces cris ne me font pas peur,
Moi je me ris de leur fureur (*bis*),
Et patati et patata (*ter*);
J'entends déjà

(1) Piquepot, Barbacane.
(2) Barbacane, Piquepot.
(3) Piquepot, Barbacane.

Le bavardage,
Qu'ici fera
Tout le village ;
Ah ! c'est charmant,
C'est amusant
D'entendre crier le client !
Allons vite, vite une coiffure,
Un coup de ciseau, une frisure,
Rasez avec soin
Ma barbe est dure,
Je vais, quel tintoin,
Diner chez l'adjoint !
Une coiffure!
Une frisure!
Ma barbe est dure,
Ah ! quel tintoin ! (*ter*).

(*Piquepot s'avance en se dandinant*).

MAD. CHALUMEAU (*l'apercevant*) (1). M. Piquepot de si bonne heure par ici... Est-ce que vous venez vous faire faire la barbe?

PIQUEPOT (*galamment*). Non, non, belle perruquière, ma présence en ces lieux émane d'un motif moins vulgaire, c'est un dieu qui m'y conduit, le joli dieu de Cythère, ce petit scélérat de Cupidon, dont vous êtes la mère.

MAD. CHALUMEAU (*riant*). Moi!

AIR : *Les anguilles et les jeunes filles.*

Cett' comparaison poétique
Contient un fait dont j' me défends
Car à not' foyer domestique,
Nous n'avons jamais eu d'enfants ;
En attendant une chance meilleure,
Je dois l'avouer sans façon,
De mon époux jusqu'à cette heure,
C'est moi qui suis l' premier garçon!
Oui, je suis son premier garçon!

Sur ce, M. Piquepot, je vous tire ma révérence (*elle veut rentrer chez elle*). (2).

PIQUEPOT (*la retenant*)). O tigresse, tigresse, écoutez-moi.

MAD. CHALUMEAU. Est-ce pour la barbe, oui ou non?

PIQUEPOT (*résolument*). Eh bien oui, pour tout ce que vous voudrez... puisque vous désirez ma tête, prenez ma tête.

MAD. CHALUMEAU. C'est bon, asseyez-vous là, (*elle le fait asseoir sur une chaise devant la boutique, et lui met une serviette autour du cou*). Et tenez-vous bien tranquille, ou je ne réponds de rien (*elle le savonne*).

PIQUEPOT. Vous me chatouillez. O amour de main, amour de main, que c'est doux (*il veut lui embrasser la main et s'emplit la bouche de savon*). Pouah !

MAD. CHALUMEAU. En voulez-vous encore ? ne vous gênez pas, voilà le plat (*elle lui pose le plat à barbe sur les genoux*).

PIQUEPOT. Merci.

MAD. CHALUMEAU. Allons, penchez la tête.

PIQUEPOT. Je la penche, mais je proteste... car enfin est-ce que je ne vaux pas onze mille fois mieux que votre lourdaud de mari?

MAD. CHALUMEAU (*avec une dignité comique*). Monsieur Piquepot, respectez mon époux !

PIQUEPOT. Je le respecte infiniment, et la preuve c'est que s'il était là, je l'accablerais d'amitié... mais quand il n'y est pas, j'éprouve un vague plaisir à l'éreinter.

(1) Piquepot, Mad. Chalumeau.
(2). Mme Chalumeau, Piquepot.

MAD. CHALUMEAU. Mais çà ne se fait pas çà !

PIQUEPOT. Je vous demande pardon, çà se fait tous les jours ? (*criant*) Aie !...

MAD. CHALUMEAU. Allons bon, vous remuez, je vous ai coupé, vite un peu d'amadou.

(Elle lui pose sur la figure un morceau d'amadou).

PIQUEPOT. Ah ! Virginie, j'ai au cœur une blessure pour laquelle je me laisserais volontiers amadouer... au fait, pourquoi n'est-il pas là, votre mari?

MAD. CHALUMEAU. Parce qu'il a été obligé de se rendre à Amiens pour nos affaires, penchez la tête, mais il revient, je l'attends ce matin, levez le nez.

PIQUEPOT. Je la penche et je le lève, il revient, je n'en reviens pas (*criant*). Aïe !

MAD. CHALUMEAU. Là... je vous ai encore coupé ! c'est de votre faute, un peu d'amadou.

(Elle lui met plusieurs morceaux d'amadou, Piquepot en a la figure sillonnée).

PIQUEPOT. Soyez généreuse, achevez-moi tout de suite (*se levant*). Virginie, Virginie...

MAD. CHALUMEAU. Voulez-vous bien rester assis.

PIQUEPOT (*sans l'écouter, et voulant lui prendre la taille*). Virginie je suis un volcan...je brûle...

MAD. CHALUMEAU (*se sauvant*). Ah ! vous abusez de ce que je n'ai pas de pompiers sous la main...

PIQUEPOT (*la poursuivant*). Des pompiers pourquoi faire ? ma flamme est un feu grégeois... elle ne craint pas l'eau ..

MAD. CHALUMEAU. C'est ce que nous allons voir (*lui jetant à la figure ce qui reste d'eau dans le vase qu'elle tient à la main*). Houp!

(Elle entre vivement dans la boutique dont elle ferme la porte au nez de Piquepot).

PIQUEPOT (*frappant à la porte*). Virginie, Virginie...

SCENE V.

PIQUEPOT, GEORGES (1).

GEORGES (*revenant par le fond, il a quitté son manteau*). J'ai vingt-cinq minutes devant moi (*apercevant Piquepot*) Tiens... qui frappe donc ainsi à cette porte à tour de bras ?... (*il s'avance, Piquepot se retourne*). Eh mais... je ne me trompe pas, c'est Monsieur Piquepot.

PIQUEPOT. Monsieur Georges (*à part contrarié*). Diable de rencontre! (*haut*). Monsieur Georges ici... Je vous croyais à Bruxelles, vous ne faites donc plus partie de l'armée belge? vous n'êtes donc plus lieutenant au régiment des guides ?

GEORGES (*embarassé*). Mais si... toujours... Ah çà, estimable Monsieur Piquepot, nous voulons donc entrer par effraction chez Madame Chalumeau? En tiendriez-vous par hasard, pour les yeux de la jolie barbière ?

PIQUEPOT (*se récriant*). Moi, pas du tout, pouvez-vous croire? et mes principes....

GEORGES. Vos principes, c'est juste, je les avais oubliés (*l'examinant*). Que diable avez-vous donc dans la figure ?

PIQUEPOT (*vivement*) (2). Rien, rien, quelques égratignures (*changeant de conversation*). Eh bien, avez-vous pu savoir enfin pourquoi Monsieur Barbacane vous a expulsé de chez lui?

GEORGES. Non, et vous? seriez-vous parvenu à connaître les raisons ?

PIQUEPOT. Pas le moins du monde, Barbacane est muet comme une carpe à ce sujet... j'ai essayé adroi-

(1). Piquepot, Georges.
(2) Georges, Piquepot.

tement de l'interroger, mais il m'a envoyé promener.

GEORGES. C'est incompréhensible... car enfin nous étions au mieux ensemble, il m'avait accepté comme le futur époux de sa fille, il me recevait d'une façon des plus gracieuses, eu égard à son caractère de hérisson, et voilà que tout à coup, il y a un mois, sans rime ni raison, il me prend par les épaules, me met à la porte, et me défend de jamais remettre les pieds chez lui. Je proteste, je demande des explications, il ne m'écoute pas... j'écris, il ne me répond pas, n'est-ce pas singulier ?

PIQUEPOT. D'autant plus singulier que vous étiez pour sa fille un assez bon parti.

GEORGES. Pour l'instant, pas précisément, car je ne possède que ma solde de lieutenant, mais j'ai quelque part, je ne sais pas trop où par exemple, un vieil oncle que je n'ai pas vu depuis des siècles, mais qui, malgré cela, ne m'oubliera pas, je l'espère, dans son testament.

PIQUEPOT. Ah! à propos, vous savez ce qui arrive à mon honorable ami ?

GEORGES. Non.

PIQUEPOT. Sa maison de campagne est la proie d'une bande de voleurs.

GEORGES (*jouant l'étonnement*). Pas possible !

PIQUEPOT. Quand je dis une bande, la vérité est qu'il n'y en a qu'un...

GEORGES. Ne serait-ce pas quelque domestique peu scrupuleux ?

PIQUEPOT. Du tout, on a vu des traces de pas sur le sable des allées du parc.

GEORGES. Mais il doit être facile de surprendre cet audacieux voleur.

PIQUEPOT. Pas si facile. (*Se frottant les mains.*) Cependant, je crois que nous allons enfin mettre la main dessus.

GEORGES (*avec intérêt*). Ah! ah!... Et par quel moyen?...

PIQUEPOT. Par un redoublement de surveillance... je suis chargé de procurer à Barbacane un homme adroit qui aura pour mission spéciale de dépister notre filou.

GEORGES (*à part*). Diable?... (*Haut.*) Et vous dites que vous devez choisir?...

PIQUEPOT (*avec importance*). Mais oui, mais oui... mon honorable ami ne s'en rapporte qu'à moi pour toutes ces sortes de choses .. (*Remarquant que Georges a l'air songeur.*) Mais à quoi pensez-vous donc ?..

GEORGES (1). A rien... une idée subite qui m'était venue... mais c'est impossible.

PIQUEPOT. Quoi donc ? dites toujours.

GEORGES. Je me faisais ce raisonnement : M. Piquepot, quoiqu'il en dise, m'a l'air de ne pas voir d'un trop mauvais œil madame Chalumeau... donc ce serait un coup de maître de sa part que de la faire installer chez M. Barbacane, et en offrant cette place de régisseur à son mari... Mais, je vous le répète, c'est impossible... Chalumeau est trop bête... à ce qu'on dit, du moins... car moi je ne le connais pas...

PIQUEPOT. Il est de fait qu'il est singulièrement...

GEORGES. Oui, oui... c'est impossible... il ne faut pas y penser.

L'EMPLOYÉ (*au fond.*) Arras! Douai! Bruxelles! (*On entend la cloche du chemin de fer*).

GEORGES. Voilà le train qui va me ramener à Bruxelles; je vous quitte... Vous restez ici?...

PIQUEPOT (*vivement*). Moi ? Du tout, du tout, je m'en vais aussi..

(1) Piquepot, Georges.

GEORGES (*au fond*). Au revoir, cher monsieur Piquepot.

PIQUEPOT. Au revoir, cher monsieur Georges. (*Jetant un coup d'œil sur la boutique de Chalumeau*) Je reviendrai... (*Il sort à gauche.*)

L'EMPLOYÉ. Picquigny ! Picquigny !

GEORGES (*à l'employé*). Combien ai-je encore de temps ?

L'EMPLOYÉ. Encore cinq minutes.

GEORGES. Juste ce qu'il faut pour fumer une cigarette.

(Il sort par la droite en roulant une cigarette entre ses doigts.)

SCENE VI.

VOYAGEURS, EMPLOYÉS, CHALUMEAU.

(Un grand nombre de voyageurs et de voyageuses sortent de la station et donnent, en sortant, leur billet au contrôleur aposté à la petite porte de la barrière extérieure).

CHOEUR DES VOYAGEURS.

AIR : *Houp! mules chéries* (*Dragons de Villars*).

Il n'est plus de distance,
Viv' le chemin d'fer!
Qui, plus prompt que l'éclair,
Par sa toute puissance,
A Picquigny,
Nous conduit aujourd'hui.

(Les voyageurs se dispersent à droite et à gauche.)

CHALUMEAU. (*Il entre à reculon, il tient sur ses bras et dans ses mains une foule de bagages, sac de nuit, valise, et un parapluie.*) Je ferai mon rapport... c'est indécent... On m'a détérioré ma parfumerie... on m'a répandu mes huiles dans mes vinaigres!.. Mes pommades nagent dans l'eau de Bottot !. Douze flacons à 1 franc, le calcul est facile à faire; c'est soixante francs que l'administration me doit. (*Descendant la scène.*) Voilà pourtant ce qu'on appelle le progrès!.. les chemins de fer!.. Je le demande à n'importe qu'est-ce qui raisonnerait un peu... qu'est-ce que c'est que les chemins de fer?.. de la vapeur, pas autre chose... Dérision et amertume!... voilà donc le progrès... le voilà donc!

SCENE VII.

CHALUMEAU, MADAME CHALUMEAU (1).

MAD. CHALUMEAU (*sortant de chez elle*). Il me semble que j'ai entendu la voix de mon mari. (*Courant à lui.*) Chalumeau, enfin te voilà...

CHALUMEAU. Ma femme!.. Permets qu'en touchant le seuil de nos lares, je dépose sur tes joues le tendre baiser du retour (*Il l'embrasse.*) Ah! qu'il est doux de se retrouver auprès de son épouse!.. J'ai vu bien des choses à la ville!..

AIR : *Les Cinq Codes.*

J'ai vu faire avec des savates
Des beefsteacks et de la liqueur,
J'ai vu coudre des cols-cravates
Par une machine à vapeur;
J'ai vu l'télégraphe électrique;
Mais j'dis en r'voyant tes beaux yeux :
Une femm' c'est, en fait d'mécanique, } bis.
C'qu'on a z'encore inventé d'mieux ! }

MAD. CHALUMEAU. Est-ce que tu n'as pas autre

(1) Madame Chalumeau, Chalumeau.

chose à me dire après quinze jours d'absence que des amphigouris à n'y rien comprendre? Qu'est-ce que tu as fait à Amiens? As-tu obtenu du temps des fabricants à qui nous avons souscrit des billets? As-tu reçu l'argent qu'on nous devait? As-tu fait des emplettes pour remonter la boutique!

CHALUMEAU. Ta, ta, ta... Comment veux-tu que je réponde à tant de questions divergentes? Tu me prends donc pour un télégraphe sous-marin?

MAD. CHALUMEAU (1). Ah! quel homme! sa lenteur me fera mourir.

CHALUMEAU. D'abord et d'un, pour les billets, j'ai vu les fabricants, je leur z'ai parlé, mais je n'ai rien obtenu...

MAD. CHALUMEAU. Rien... Tu t'y seras mal pris... Enfin!.. Et nos débiteurs?

CHALUMEAU. Ça, c'est bien différent... J'y suis été... je leur zai réclamé mon dû.

MAD. CHALUMEAU. Où est l'argent?

CHALUMEAU. Quel argent?

MAD. CHALUMEAU. L'argent qu'ils t'ont donné.

CHALUMEAU. Ils ne m'ont rien donné du tout, au contraire, ils m'ont demandé si je ne pourrais pas leur prêter quelque chose... même que j'ai avancé cent sous...

MAD. CHALUMEAU (*furieuse*). C'est trop fort! On t'a berné, on s'est moqué de toi; on se sera dit: Chalumeau, pas besoin de se gêner avec lui... Tu es si mollasse! (2)

CHALUMEAU (*révolté*). Mollasse! Si on peut dire!

MAD. CHALUMEAU. Eh bien, nous voilà dans une jolie passe... Pas d'argent, pas de marchandises, pas de crédit... qu'elle agréable destinée que la mienne!.. obligée de barbifier des rustres depuis le matin jusqu'au soir pour vous mettre le pain à la bouche... Et vous ne semblez pas apprécier le mérite que j'ai de rester ainsi sans souffler mot... car enfin, je suis entourée de séductions, et sans ma vertu...

CHALUMEAU. Ta vertu,.. (*Avec emphase.*) C'est la chandelle de mon honneur!.. Quelqu'un voudrait-il souffler dessus?

MAD. CHALUMEAU. Peut-être.

CHALUMEAU. Qui ça?.. qui ça? Virginie, quel est le marsouin qui te fait de l'œil?

MAD. CHALUMEAU (*riant*). Imbécile, est-ce que tu as peur?

CHALUMEAU. Non, mais nonobstant...

MAD. CHALUMEAU. Dors tranquille, tu n'as pas cela à craindre.

CHALUMEAU. Je ne demande pas mieux, mais, avant de dormir, je casserais bien une croute.

MAD. CHALUMEAU. Tu as faim?

CHALUMEAU. Pas positivement, mais je me sens vaguement un appétit colossal.

MAD. CHALUMEAU. Eh bien, tu peux aller dîner où tu voudras, il n'y a rien à la maison.

CHALUMEAU. Rien de rien?

MAD. CHALUMEAU. Absolument rien, et pas un sou pour faire des provisions.

CHALUMEAU (*avec amertume*). La question d'argent!.. toujours la question d'argent!.. je vas te donner mon porte-monnaie, (*Il cherche dans ses poches.*) il renferme dans ses flancs onze francs et plusieurs centimes... (*Fouillant toujours.*) Tiens... où l'ai-je fourré?

MAD. CHALUMEAU (*avec ironie*). Tu l'auras perdu?

CHALUMEAU (*se frappant le front*). Nom d'un bonhomme! je me rappelle... je l'ai laissé tomber dans le wagon en aveignant mon billet... Attends-moi, ma poule, je m'en vas faire ma réclamation... attends-moi... (*Il entre en courant dans la station.*)

(1) Chalumeau, madame Chalumeau.
(2) Madame Chalumeau, Chalumeau.

SCENE VIII.

MADAME CHALUMEAU puis BARBACANE.

MAD. CHALUMEAU. C'est cela... et il laisse toutes ses affaires au milieu de la rue... (*ramassant la valise, les cartons, le sac et le parapluie et les emportant chez elle*). Quel homme que ce Chalumeau!.. quelle pauvre cervelle!.. s'il devient jamais quelque chose un jour, il pourra bien dire; c'est à ma femme que je dois d'être ce que je suis...

(Elle entre dans sa boutique).

BARBACANE (*entrant par la gauche suivi de ses deux gardes*). Le maire est aux eaux, c'est le premier adjoint qui le remplace... voilà une commune bien administrée!.. partons chez l'adjoint...

SCÈNE IX.

LES MÊMES BLANCHE, MADAME DUMONT (1).

BLANCHE (*entrant par la droite*). Par ici, madame Dumont, par ici...

BARBACANE (*stupéfait*). Ma fille!

BLANCHE (*confuse*). Papa!.. merci, madame Dumont... vous pouvez rentrer...

(Madame Dumont sort).

BARBACANE. Que faites-vous en ces lieux?.. vous avez donc oublié que je vous ai défendu de sortir de mon parc?..

BLANCHE. Papa, je me promenais avec ma gouvernante... je suis arrivée jusqu'à la limite du parc et quand je me suis vue si près de la demeure de madame Chalumeau, ma sœur de lait, je n'ai pu résister au désir de venir l'embrasser... mais si cela vous contrarie...

BARBACANE (*vivement*). Qui est-ce qui t'a dit que ça me contrariait?.. est-ce que j'ai l'air contrarié? est-ce que je suis un tyran?

BLANCHE (*finement*). Non, mon père, mais je ne veux rien faire qui vous déplaise et si vous ne voulez pas que je dise bonjour à Virginie...

BARBACANE. Je ne veux pas, moi... je ne veux pas! mais je l'exige, entendez-vous bien, mademoiselle, je l'exige... (*frappant à la porte de la boutique*). Madame la perruquière...

SCÈNE X.

LES MÊMES MADAME CHALUMEAU.

MAD. CHALUMEAU (*entrant*). Monsieur Barbacane..

BARBACANE. Allez embrasser ma fille et que ça ne traine pas.

MAD. CHALUMEAU (*allant à Blanche*). Cette chère demoiselle Blanche.

BLANCHE (*l'embrassant*). Ma bonne Virginie... (*bas*). Il faut que je te parle (*haut*). Si tu savais comme je suis heureuse de te voir...

BARBACANE (2). Ne t'attendris pas, je n'aime pas ça?

BLANCHE. Papa, si cela vous impatiente, faites un petit tour, vous me reprendrez tout à l'heure.

BARBACANE. Tu m'envoies promener... c'est cela... et tu t'imagines que je vais te laisser seule...

(1) Barbacane, Blanche, les gardes au-dessus.
(2) Madame Chalumeau, Barbacane, Blanche.

BLANCHE. Je ne serai pas seule puisque je resterai avec Virginie.

BARBACANE (*rageant*). Il est incroyable que je n'aurais jamais le dernier avec cette péronnelle...

BLANCHE. Ce que je vous ai proposé vous déplaît, n'en parlons plus...

BARBACANE. Très-bien... alors il faut que je reste là à vous écouter... et si j'ai besoin de m'en aller, moi...

BLANCHE (*avec résignation*). Je vous accompagnerai...

BARBACANE. Et si ta présence me gêne...

BLANCHE (*de même*). Alors je retournerai à la maison...

BARBACANE. C'est cela... et tu te poseras en victime... du tout... je prétends que tu restes là... (1).

BLANCHE. Mais pourtant si...

BARBACANE (*brusquement*). Plus un mot... je vais chez l'adjoint... ça ne regarde pas les femmes, ça... (*aux deux gardes*). Suivez-moi, propres à rien!

(Il sort par la droite suivi des deux gardes).

SCÈNE XI.

MADAME CHALUMEAU, BLANCHE. (2)

MAD. CHALUMEAU (*le regardant sortir*). Toujours le même... c'est une colère à jet continu...

BLANCHE (*vivement*). Eh bien, il ne lui est rien arrivé?

MAD. CHALUMEAU. A M. Georges?... rien.

BLANCHE. Ah! je respire... si tu savais comme j'étais inquiète, j'avais si peur qu'on ne l'ait découvert.

MAD. CHALUMEAU. Bath! il est plus leste qu'eux...

BLANCHE. C'est égal, Virginie, je tremble que tout cela ne finisse mal... si au moins tu étais avec moi...

MAD. CHALUMEAU. Est-ce que c'est possible... et mon mari?

BLANCHE. C'est vrai.

SCÈNE XII.

LES MÊMES, GEORGES.

GEORGES (*entrant par la droite*). J'ai manqué le convoi... quel contre temps! que vois-je!.. Blanche!

BLANCHE (3). Je m'ennuie tant, toujours seule et enfermée, car, tu le vois, mon père ne veut pas que je sorte... de peur que je ne rencontre Georges... ce qui est bien difficile pourtant.

GEORGES (*s'avançant*). Mais ce qui n'est pas impossible...

BLANCHE (*avec effroi*). Georges!.. ah! si mon père allait revenir...

GEORGES. Ne craignez rien, je viens de l'apercevoir à l'autre bout du pays...

BLANCHE. Ma bonne Virginie... regarde au loin, je t'en prie...

MAD. CHALUMEAU. C'est cela... me voilà en faction... sentinelle, prenez garde à vous!..

(Elle va au fond.)

BLANCHE. Georges, il faut mettre un terme à cette existence trop pleine de dangers et qui me cause des alarmes continuelles... il faut renoncer à ces visites nocturnes.

GEORGES. Pourquoi?.. Ces entrevues ne sont-elles pas des plus innocentes? vous ai-je jamais parlé autrement que devant votre gouvernante?

BLANCHE. Sans doute... mais mon père redouble de surveillance, et si l'on vous surprenait...

GEORGES. Si l'on me surprenait... Eh bien ne seriez-vous pas à l'abri de tout soupçon... les apparences ne seraient-elles pas sauvées, puisque chaque fois j'emporte quelques couverts d'argent... ce ne serait pas un amoureux qu'on arrêterait, mais un voleur.

MAD. CHALUMEAU (*revenant.*) Vite, vite, voilà M. Barbacane (*à Georges.*) Entrez dans la boutique... non, on vous verrait... dans ma chambre au fond... dépêchez-vous.

(Elle le fait entrer à gauche.)

GEORGES. Blanche, à bientôt...

MAD. CHALUMEAU (*le poussant.*) Dépêchez-vous donc... (*Georges entre dans la boutique, Barbacane entre.*) Il était temps!...

SCENE XIII.

MADAME CHALUMEAU, BLANCHE, BARBACANE (*suivi de ses deux gardes* (1).

BARBACANE. L'adjoint est à la pêche... c'est le garde champêtre qui le remplace... voilà une commune bien administrée!.. Ces choses-là n'arrivent qu'à moi... (*à Blanche.*) J'espère que vous avez eu assez le temps de causer...

BLANCHE. Oui, papa, et je suis prête à m'en retourner.

BARBACANE. Je ne dis pas cela pour te forcer à t'en aller... tu es libre de rester encore, si tu veux...

BLANCHE. Mais non, mon père, je vous assure que je ne demande pas mieux que de partir... au revoir, Virginie... (*avec intention.*) Je suis bien contente d'être venue te voir aujourd'hui...

BARBACANE. Pas de sentiment, ça m'agace... Prends mon bras... (*à madame Chalumeau.*) Madame, je vous salue... (*aux gardes.*) Suivez-moi, vous!

(Ils sortent par la droite, madame Chalumeau les reconduit.)

SCENE XIV.

MADAME CHALUMEAU (*au fond*), GEORGES, puis des VOYAGEURS et CHALUMEAU.

GEORGES (*entr'ouvrant la fenêtre.*) Le vieux boule dogue est parti...

L'EMPLOYÉ (*sonnant.*) Les voyageurs pour Bruxelles.. Picquigny, Picquigny!

GEORGES. Voilà le train de neuf heures... je vais encore manquer celui-là, où est donc madame Chalumeau?.. la porte est fermée...

CHALUMEAU (*entrant par le fond.*) Je ne l'ai pas retrouvé... c'est-y guignonnant?..

GEORGES. Ma foi, j'aurai plus vite fait de sauter par la fenêtre.

(Il enjambe la barre d'appui).

CHALUMEAU (*l'apercevant*). Qu'entrevois-je?... un homme qui sort de la chambre de ma femme...

(Il veut sortir, l'employé l'arrête).

L'EMPLOYÉ. Votre billet?..

CHALUMEAU. Comment ça mon billet... je l'ai donné tantôt.

L'EMPLOYÉ. On ne sort pas sans billet. Il faut repayer votre place...

MAD. CHALUMEAU (*qui est revenue, voyant*

(1) Madame Chalumeau, Blanche, Barbacane, les gardes au-dessus.

(2) Blanche, madame Chalumeau.

(3) Georges, Blanche, madame Chalumeau.

(1) Madame Chalumeau, Blanche, Barbacane, les deux gardes au-dessus.

Georges escalader la fenêtre). Eh bien, que faites-vous?..

(Georges saute à terre).

CHALUMEAU. Ma place... mais, subalterne, je venais réclamer mon porte-monnaie... Subalterne, vous ne voyez donc pas qu'il chuchotte avec mon épouse... (*Il essaie de passer.*)

L'EMPLOYÉ (*l'en empêchant*). L'administration n'entre pas dans ces détails-là.

MAD. CHALUMEAU (*à Georges*). Surtout, de la prudence...

(Elle entre chez elle).

GEORGES. Soyez tranquille.

SCENE XV.

CHALUMEAU, GEORGES, L'EMPLOYÉ.

L'EMPLOYÉ. Les voyageurs pour Bruxelles!

GEORGES (*courant vers la station*) (1). Je n'ai que le temps...

CHALUMEAU (*qui s'est échappé des mains de l'employé, arrêtant Georges*). Un instant, mon gentilhomme, un instant... (*changeant de ton*). Auriez-vous 20 sous à me prêter?

GEORGES. Vous n'êtes pas honteux de mendier à votre âge!

CHALUMEAU. Un mendiant... moi... Chalumeau!..

GEORGES. Vous seriez M. Chalumeau?.. C'est bien différent... voilà ma bourse.

CHALUMEAU. C'est inutile, 20 sous me suffisent. (*Payant l'employé*). Etes-vous rassasié?

L'EMPLOYÉ. Certainement.

(Il rentre dans la station).

CHALUMEAU (*à Georges, d'un ton tragique*). Un mot maintenant.

GEORGES. Vite, car je suis pressé (2).

CHALUMEAU (*d'un ton sombre*). Nous avons un petit compte à régler ensemble.

GEORGES (*à part*). Sa femme lui aura dit que j'étais venu pour des achats. (*Haut*). C'est bien, M. Chalumeau, vous mettrez cela sur la note (3).

CHALUMEAU (*scandalisé*). Sur la note!.. Pour qui me prenez-vous?

GEORGES (*riant*). Pour ce que vous êtes, naturellement...

CHALUMEAU. Et qu'est-ce que je suis... naturellement?

GEORGES. Dame, vous êtes...

CHALUMEAU (*vivement*). N'achevez pas...

GEORGES (*voulant s'en aller*). Alors, permettez...

CHALUMEAU (*l'arrêtant*). Un instant... (*Se croisant les bras et avec une amère ironie*). C'est parfait! Vous joignez la raillerie à l'outrage, mais, mon gentilhomme, je sais ce que vous venez faire ici.

GEORGES (*à part*). Il est stupide... (*Haut*) M. Chalumeau, je désirerais, si c'est possible, que vous ne vous mêlassiez pas tant de mes affaires.

CHALUMEAU. Je me mêlasse de ce qui me convient, entendez-vous...

(On entend la cloche du chemin de fer).

GEORGES. Le signal du départ... laissez-moi passer.

CHALUMEAU (*se mettant devant lui*). Je n'ai pas fini.

GEORGES (*vivement*). Désolé... je n'ai pas le temps.

(Il repousse Chalumeau qui perd l'équilibre et tombe à terre).

(1) Georges, Chalumeau, l'employé.
(2) Chalumeau, Georges.
(3) Geoges, Chalumeau.

L'EMPLOYÉ (*ouvrant la barrière à Georges*). Passez vite...

(Il ferme la barrière).

CHALUMEAU (*se relevant*). Attends, grand lâche, attends. Je te rattraperai bien...

(Il veut ouvrir la barrière).

L'EMPLOYÉ. On ne passe plus.

CHALUMEAU (*avec fureur*). Comment! tout à l'heure on ne voulait pas me laisser sortir, maintenant on ne veut pas me laisser entrer. Mais vous voyez bien qu'il faut que je le rejoigne!

L'EMPLOYÉ. L'administration n'entre pas dans ces détails-là.

CHALUMEAU (*exaspéré*). Mais je la trouve bête votre administration... vous pouvez lui dire cela de ma part...

SCENE XVI.

CHALUMEAU, PIQUEPOT.

PIQUEPOT (*entrant par la droite, à Chalumeau*) (1). A qui en avez-vous donc?

CHALUMEAU. A qui?.. Tenez, le voyez-vous là-bas, ce gandin! à la portière de gauche...

PIQUEPOT. M. Georges, que vous a-t-il fait?

CHALUMEAU. Ce qu'il m'a fait... Croiriez-vous qu'il était dans la chambre de mon épouse?..

(Il remonte au fond en faisant des gestes de menace).

PIQUEPOT (2) Pas possible... C'est un rival!.. Battons-le avec ses propres armes... de cette manière madame Chalumeau sera à l'abri de ses poursuites.

CHALUMEAU (*revenant*). Si je le tenais, je le désarticulerais des pieds à la tête!

PIQUEPOT (*qui a réfléchi et pris un parti*). Gardez-vous en bien, Chalumeau... je connais ce gaillard-là... c'est un homme excessivement dangereux... il s'est mis en tête de plaire à votre femme... vous aurez beau faire il lui plaira...

CHALUMEAU (*désolé*). Mais savez-vous que c'est fichant ça... Que faire?.. si je disais à mon épouse : Viens dans une autre patrie, viens cacher ton... bonheur... mais elle ne voudra pas...que faire? Seigneur, que faire?

PIQUEPOT. Accepter la proposition que je vais vous transmettre...

CHALUMEAU. Parlez... vous êtes mon ange gardien, vous!.. bien que vous n'en ayez pas l'uniforme.

PIQUEPOT. Vous ne tenez pas beaucoup à continuer votre commerce... les affaires vont si doucement...

CHALUMEAU. Elles ne vont pas du tout... mon art touche à l'heure fatale de la décadence... le philocome végète et le rasoir se meurt de la poitrine...

PIQUEPOT. Eh bien, je vous offre une affaire superbe... la place de régisseur chez mon honorable ami, M. Barbacane...

CHALUMEAU. Régisseur... qu'est-ce qu'il y a z-a faire?..

PIQUEPOT. Presque rien.

CHALUMEAU. Ça rentre dans mes moyens.

PIQUEPOT. Je vous expliquerai cela plus tard... Ça vous va-t-il?

CHALUMEAU (*avec force*). Si ça me va!.. si ça me va!..

PIQUEPOT. Reste à savoir si votre femme consentira...

CHALUMEAU. Voilà le chiendent!.. ah! voilà le chiendent!..

(1) Piquepot, Chalumeau.
(2) Chalumeau, Piquepot.

PIQUEPOT. C'est à vous de la décider... Vous êtes le maître, après tout...

CHALUMEAU. Oui, je suis le maître... après tout...

SCÈNE XVII.

LES MÊMES, PAYSANS (*revenant du marché*).

CHOEUR DES PAYSANS.

AIR : *Oui, buvons* (de *Ma nièce et mon ours*).

Ah! monsieur le barbier,
Vite, vite, il faut nous raser,
Sans vous faire prier,
Rasez-nous, c'est votre métier.
Barbier!
Barbier!
Barbier!
Veuillez nous raser.

(Pendant ce chœur plusieurs paysannes sont entrées en scène).

LES PAYSANS. Chalumeau, rasez-moi?...

CHALUMEAU. Au diable les pratiques... laissez-moi tranquille, je ne rase plus!...

LES PAYSANNES. Coiffez-nous alors...

CHALUMEAU. Je ne coiffe plus! j'abdique!..

TOUS. Qu'est-ce qu'il dit?..

CHALUMEAU. Je dis... je dis que je brise mes pinceaux, que je jette le *frac* aux orties?.. et que vous pouvez aller vous faire... raser ailleurs.

TOUS. Non, non...

REPRISE DU CHOEUR :

Ah! monsieur le barbier.

(Les paysans et les paysannes cherchent à entraîner Chalumeau du côté de sa boutique. Au milieu de ce tumulte, madame Chalumeau paraît à la porte de la boutique.)

PIQUEPOT (*bas à Chalumeau*). Voilà votre femme, de la fermeté.

CHALUMEAU (*avec force*). J'en aurai!.. (*Changeant de ton.*) Restez à côté de moi.

MAD. CHALUMEAU (*s'avançant.*) Qu'est-ce qu'il y a?.. une émeute... pourquoi tout ce bruit?

LES PAYSANS (*montrant Chalumeau*). Il ne veut plus nous raser.

MAD. CHALUMEAU. Comment, Chalumeau!

CHALUMEAU (*se posant et avec solennité*). Madame Chalumeau, sachez que je viens de prendre une grande résolution...

MAD. CHALUMEAU (*vivement*). Sans m'en prévenir... voilà qui est nouveau.

LES PAYSANS. Nous allons rire.

CHALUMEAU. Apprenez, mon épouse, et vous aussi ex-pratiques, que M. Barbacane me fait offrir, par le canal de son ami ci-inclus, la place de régisseur de ses vastes propriétés.

MAD. CHALUMEAU (*très-surprise*). Comment!

CHALUMEAU (*à Piquepot*). Elle va refuser.

PIQUEPOT (*lui poussant le coude*). Ferme! ferme!

CHALUMEAU (*à sa femme*). Voilà, madame, ce que j'avais à vous dire... J'espère donc que vous vous y conformerez sans larmes, ou autres subterfuges du sexe dont vous faites généralement partie...

MAD. CHALUMEAU (*baissant la tête et d'un air soumis*). J'obéirai, mon ami...

CHALUMEAU (*très-surpris*). Elle obéira, mon ami... (*D'un ton suffisant.*) Elle obéira!...

PIQUEPOT. Vous voyez qu'avec un peu de fermeté...

CHALUMEAU (*se rengorgeant*). Mais oui, mais oui... Il faut ça dans un ménage...

MAD. CHALUMEAU (*à part*). Ah! monsieur Chalumeau, vous me paierez ces grands airs-là...

CHALUMEAU (*aux paysans*). Vous le voyez, vous autres, vous le voyez... Je suis le maître chez moi,

TOUS. Oui? oui?

Air : *Adieu donc au village.*

LES PAYSANS.

Puisque dans son ménage
Il se fait obéir,
Sans barbier, au village,
Qu'allons-nous devenir?

CHALUMEAU (*avec prétention*).

Chacun, dans son ménage,
Doit se faire obéir.
Non rien dans ce village,
Ne peut nous retenir.

MAD. CHALUMEAU (*très-douce*).

En femme douce et sage,
Je dois vous obéir,
(*A part,*) Mais bientôt, je le gage,
Je saurai vous punir.

CHALUMEAU. Et maintenant, femme Chalumeau, préparez les paquets et partons chez M. Barbacanne!

REPRISE DU CHOEUR.

(La toile tombe.)

ACTE DEUXIÈME

Le théâtre représente la salle à manger de la villa de M. Barbacane. Au fond, un grand buffet en chêne. A droite, une croisée donnant sur un jardin, une petite porte près de cette croisée. Au premier plan, à gauche, un petit guéridon sur lequel est posée une boîte à pistolets.

SCÈNE PREMIERE.

BLANCHE, MADAME DUMONT (1).

BLANCHE (*assise près du guéridon à gauche*). Comment, madame Dumont, mon père vous a signifié votre congé?

MAD. DUMONT (*assise*). En règle, ma chère demoiselle... Dans huit jours je ne serai plus ici.

BLANCHE. Je vais donc rester toute seule?

MAD. DUMONT. Je ne crois pas, car M. Barbacane a ajouté qu'il allait avoir dès aujourd'hui un nouveau régisseur dont la femme me remplacera près de vous...

(1) Blanche, Madame Dumont.

BLANCHE. Une nouvelle gouvernante... à qui je ne pourrai pas me confier... Pauvre Georges, pour cette fois, il faudra bien renoncer à nos entrevues (1)... (*On entend au dehors l'air de tontaine, tonton, sur le cor de chasse.*) Ah! entendez-vous, madame Dumont, c'est le signal... Il m'avertit qu'il viendra ce soir.. Comment l'en empêcher?..Comment l'avertir du danger?

SCENE II.

LES MÊMES, PIQUEPOT (2).

PIQUEPOT (*entrant par le fond*). Que le diable

(1) Madame Dumont, Blanche.
(2) Madame Dumont, Blanche, Piquepot.

emporte les donneurs de cor... c'est assourdissant... (*Saluant Blanche.*) Mademoiselle...

BLANCHE (*très-inquiète*). Monsieur Piquepot, je vous salue... (*A Madame Dumont.*) Venez, madame Dumont, il faut à tout prix trouver le moyen de le faire prévenir... Venez...

(Elle sort vivement par le fond, suivie de madame Dumont.)

SCÈNE III.

PIQUEPOT, puis BARBACANE.

PIQUEPOT (*la regardant sortir*). Eh bien... qu'a donc la jeune demoiselle? Elle paraît tout effarée... Je vois ce que c'est. Il est probable que Barbacane se sera mis à sa fenêtre.

BARBACANE (1) (*entrant par la droite*). C'est affreux! non, ce n'est pas affreux, c'est atroce...

PIQUEPOT. Qu'y a-t-il?

BARBACANE. Je viens de me mettre à la fenêtre boréale de mon salon...

PIQUEPOT. (*à part*). J'en étais sûr...

BARBACANE. Et mon regard a encore rencontré ce mur blafard, ce mur stupide... pourquoi dites-vous que non?

PIQUEPOT. Je n'ai rien dit...

BARBACANE. Vous avez hoché la tête.

PIQUEPOT. Vous croyez que j'ai hoché... C'est alors un hochement approbatif.

BARBACANE. Car enfin cette maison est inhabitée, elle ne lui sert à rien, à cet albatros! pourquoi a-t-il repoussé mes propositions?

PIQUEPOT. On le dit excessivement riche.

BARBACANE. Ce n'est pas une raison. Je vous dis que cet homme est mon ennemi, et son neveu avait l'audace...

PIQUEPOT. Vous dites?

BARBACANE (2) (*brusquement*). Rien... Ceci est mon secret, ça ne vous regarde pas, parlons d'autre chose.

PIQUEPOT. Je ne demande pas mieux.

BARBACANE. Le régisseur que vous m'avez annoncé viendra-t-il aujourd'hui, comme c'est convenu?

PIQUEPOT. Oui, oui... Je pense même qu'il ne peut tarder à arriver.

BARBACANE. Nous verrons si vous avez bien choisi... J'ai entendu dire que ce Chalumeau était un lourdaud.

PIQUEPOT. Ce sont les mauvaises langues, qui disent cela... Chalumeau a l'air un peu épais... mais c'est un malin qui cache, sous l'enveloppe de la stupidité, l'adresse du singe et la finesse du serpent.

BARBACANE. C'est bien, nous le verrons à l'œuvre... Ce qui me plaît dans cette affaire, c'est que madame Chalumeau tiendra compagnie à ma fille... A propos, a-t-on réparé les brèches faites au mur du parc?

PIQUEPOT. Parfaitement.

BARBACANE. Ah!... les piéges à loup ont-ils été remis en état?

PIQUEPOT. Ils fonctionnent à merveille.

BARBACANE. Ah!... mes pistolets, sont-ils revenus de chez l'armurier?

(1) Piquepot, Barbacane.
(2) Piquepot, Barbacane.

PIQUEPOT (*les lui montrant sur la table*). Ils sont là (1).

BARBACANE. Ah!... Et mes épreuves, les a-t-on envoyées?...

PIQUEPOT (*les lui donnant*). Les voici.

BARBACANE (*satisfait malgré lui*). Ah!...

PIQUEPOT (*à part*). Il est furieux de ne pouvoir se mettre en colère...

BARBACANE (*montrant les épreuves*). Ce sont mes mémoires!... oui, mes mémoires. Je veux laisser un monument après moi... Mémoires d'un plumassier de Paris... dix-sept volumes... et maintenant, Piquepot, voulez-vous me rendre un service?

PIQUEPOT. Certainement.

BARBACANE. Allez-vous-en chez la marchande de tabac qui est au bout de l'avenue, me renouveler ma provision de poudre et de plomb de chasse...

PIQUEPOT (*à part*). Il m'envoie en course au moment du souper... (*Haut.*) Pourtant, si Chalumeau arrivait...

BARBACANE. Eh bien, est-ce que je ne suis pas là pour le recevoir?

PIQUEPOT. Si... mais...

BARBACANE (*exaspéré*). Encore! Toujours des observations... Ah! si je n'étais pas la patience même...

PIQUEPOT. J'y vais... mon honorable ami... j'y vais... (*En s'en allant.*) En courant bien, j'arriverai encore pour le rôti...

ENSEMBLE.

AIR : *Qu'une heureuse rencontre* (*de la Sirène*).

BARBACANE.

Allons, soyez agile,
Et sachez, plus docile,
Quand j'émets un désir,
Sans tarder, m'obéir!

PIQUEPOT.

Je vais d'un pas agile,
A vos ordres docile,
Jusque là-bas courir,
Et vite revenir.

SCENE IV.

BARBACANE (*seul s'asseyant à gauche près du guéridon*).

Voyons... maintenant, jetons un coup d'œil sur ces épreuves... Je suis sûr que ça fourmille de fautes d'impression... Chapitre 329. « De l'influence d'un mur sur l'organisme humain. » Je crois ce chapitre assez réussi... J'y traîne sur la claie le propriétaire de cet immeuble qui fait le désespoir de ma vie... Chapitre 330. — « Du choix d'un gendre et de la nécessité pour un neveu de ne pas avoir un oncle qui « s'appelle Albatros — 17 avril — Georges Vanderk, « jeune officier belge, se présente chez moi — 18, « 19 et 20, je l'accueille avec bienveillance — 21, « 22 et 23, je l'appelle mon gendre. — 24, je le « flanque à la porte à la suite d'une conversa- « tion, dans laquelle, en me donnant des détails sur « sa parenté, il m'avait appris que son oncle mater- « nel... » (*Pendant ces derniers mots, deux domestiques ont apporté une table servie.*) Qu'est-ce que c'est? qui est-ce qui vous a permis de me déranger?...

(1) Piquepot, Barbacane.

SCENE V.

BARBACANE, BLANCHE (1).

BLANCHE (*entrant*). C'est moi, mon père. Mais si cela vous contrarie, on servira plus tard.

BARBACANE. Non. J'aime manger à heure fixe... (*Au domestique.*) Servez. Je corrigerai mes épreuves demain... où vais-je les mettre! Ah! dans ce tiroir. (*Il serre ses épreuves dans un tiroir du buffet; à sa fille.*) Allons, assieds-toi. Et ne me fais pas une figure comme ça. Tu n'as pas de motif pour être triste, tu ne manques de rien... (*Il s'assied.*)

BLANCHE (*assise à droite*). Si ce n'est d'un peu de distraction... Vous croyez donc que je puis être bien gaie, toujours seule, n'ayant personne avec qui causer.

BARBACANE. Si c'est cela qui te tourmente, calme-toi, tu vas bientôt avoir ce que tu désires.

BLANCHE. Comment?

BARBACANE. Oui, une jacasse dans ton genre, madame Chalumeau.

BLANCHE. Virginie va venir?

BARBACANE. Je l'attends avec son mari.

BLANCHE. Quel bonheur!... et elle restera toute la journée?

BARBACANE. Parbleu, et plus longtemps encore... puisque Chalumeau devient mon régisseur.

BLANCHE. Est-ce possible... Ah! petit père! que je suis contente! Quelle bonne idée vous avez eue là! (*A part.*) Tout est sauvé!

BARBACANE (*vivement*). Ce n'est pas moi. C'est Piquepot.

UN DOMESTIQUE (*entrant par le fond*). Monsieur, il y a là un homme et une femme qui demandent à vous parler.

BLANCHE (*se levant*). Ce sont eux!

BARBACANE. Ne vas-tu pas te jeter à leur tête!... (*Brusquement.*) Fais-moi l'amitié de rester à ta place... (*Au domestique.*) Qu'ils entrent!

SCENE VI.

LES MÊMES, CHALUMEAU, MADAME CHALUMEAU (1).

MAD. CHALUMEAU (*poussant son mari*). Entre donc, puisqu'on te le dit.

CHALUMEAU (*trébuchant*). Ne pousse pas, ne pousse pas... faut de la tenue, dans ces endroits-ci. (*Il se redresse et prend une pose.*)

BARBACANE. Approchez.

MAD. CHALUMEAU (*bas*). Va donc.

CHALUMEAU (*de même*). Ne pousse pas.

BARBACANE. Piquepot m'a dit que vous désiriez entrer chez moi.

CHALUMEAU. Permettez, c'est lui qui m'a dit comme ça... à cause de ma femme... alors, j'ai dit comme ça...

MAD. CHALUMEAU (*vivement*). Nous avons accepté avec le plus grand plaisir.

CHALUMEAU (*à sa femme*). J'allais le dire, pourquoi que tu le dis?...

BARBACANE. Ce qu'il me faut avant tout, c'est un homme adroit et zélé.

CHALUMEAU. Oh! quant à ça, l'adresse, le zèle... un cœur sans tache... et les mœurs... Oh! les mœurs, vous pouvez demander à mon épouse, elle vous dira...

MAD. CHALUMEAU (*bas*). Tais-toi!

CHALUMEAU (*de même*). Non.

MAD. CHALUMEAU. Si.

CHALUMEAU. Non.

MAD CHALUMEAU. Imbécille!

BARBACANE (*se retournant*). Qu'est-ce donc?

MAD. CHALUMEAU (*changeant de ton*). Rien, monsieur Barbacane, rien... (*Elle fait des yeux en colère à son mari qui proteste par geste.*)

BARBACANE. Mon café. (*Le domestique sert le café.*) Monsieur Chalumeau, on m'a parlé de vous comme d'un garçon fort intelligent, je ne vous le cacherai pas.

CHALUMEAU (*à sa femme*). Tu vois. (*Haut.*) J'ai beaucoup d'intelligence, en effet (1). Je ne vous le cacherai pas non plus.

BARBACANE. Si, car vous jouez à ravir l'homme niais, et si on ne savait pas que c'est un masque, à première vue, on vous prendrait pour un idiot.

CHALUMEAU. Un idiot! (*A part.*) V'là qu'il me dit des sottises à présent...un idiot! (*Haut*).Permettez...

MAD. CHALUMEAU (*bas*). Tais-toi.

CHALUMEAU (*de même*). Pourquoi donc?

MAD. CHALUMEAU. Parce que...

CHALUMEAU. Je veux parler.

MAD. CHALUMEAU. Je te le défends.

BARBACANE (*se retournant*). Qu'y a-t-il?

CHALUMEAU (*très-gaiement*). Rien du tout, rien du tout...

BARBACANE. Quant à votre épouse, elle restera auprès de ma fille.

BLANCHE (*prenant les mains de madame Chalumeau*).Oh! oui, toujours.

CHALUMEAU (*vivement*). Toujours... mais cependant...

MAD. CHALUMEAU (*bas*). Tais-toi.

BLANCHE (*à madame Chalumeau*).Et pour commencer, viens dans ma chambre. Il y a si longtemps que je suis réduite au silence, que je brûle d'envie de me rattraper... Viens...

(Elle entraîne madame Chalumeau, et elles sortent toutes deux par la gauche, deuxième plan.)

CHALUMEAU (*effaré*). Elle me laisse seul... (*Haut, et prenant le même chemin que les deux femmes.*) Je vas avec ces dames...

BARBACANE (*d'un ton d'autorité*). Restez! J'ai à causer avec vous.

SCÈNE VII.

BARBACANE, CHALUMEAU.

(Barbacane va fermer toutes les portes les unes après les autres.)

CHALUMEAU (*le regardant*). Qu'est-ce qu'il fait, il ferme les portes...

BARBACANE (*revenant*) (2). Là, nous voilà seuls, bien seuls.

---

(1) Barbacane, Blanche.
(1) Madame Chalumeau, Chalumeau.—Barbacane, Blanche (*à table*).

(1) Blanche, madame Chalumeau, Chalumeau, Barbacane.
(2) Barbacane, Chalumeau.

CHALUMEAU (*répétant*). Bien seuls.

BARBACANE (*d'un air mystérieux.*) Vous savez ce dont il s'agit?

CHALUMEAU. Moi... permettez.

BARBACANE (*avec colere*). Comment, est-ce que Piquepot ne vous a pas dit...

CHALUMEAU (*effrayé*). Si... si... si.

BARBACANE. Vous sentez-vous le courage d'entreprendre cette besogne?

CHALUMEAU (*riant d'un air capable*). Oh! oh! ça n'est pas bien difficile, entre nous, voyez-vous, ça n'est pas pour dire, mais j'ai déjà fait des ouvrages plus *conséquentes*.

BARBACANE. Tant mieux. Cette confiance me plait. Nous allons commencer tout de suite.

CHALUMEAU. Commençons... quand vous voudrez.

BARBACANE. La première chose est de vous armer. (*Prenant ses pistolets et les lui présentant.*) Voici des pistolets...

CHALUMEAU (*se reculant vivement*). Hein?

BARBACANE. Voyez s'ils sont bien à la main.

CHALUMEAU (*effrayé*). Ils sont très-bien à la vôtre.

BARBACANE (*le forçant à prendre un pistolet.*) Tendez le bras... allons.

CHALUMEAU (*éloignant rapidement le pistolet de lui et le tenant à bras tendu*). Voilà. (*A part.*) Quel drôle d'exercice il me fait faire...

BARBACANE. Bien... mettez-les à votre ceinture, sous votre gilet. (*Il lui enfonce un pistolet dans la ceinture de son pantalon.*) Ça ne se verra pas...

CHALUMEAU (*effrayé*) (1). Dites donc... Si ça allait me partir dans le ventre?

BARBACANE. Il n'y a pas de danger, les chiens sont durs. Maintenant, prenez ce poignard, en cas de lutte, c'est encore ce qu'il y a de mieux... (*Faisant le geste de frapper.*) Bing! bing! bing! Un homme est bien vite décousu.

CHALUMEAU (*à part*). Bing! bing! bing!... C'est sa conversation qui est décousue.

BARBACANE (*lui tendant le poignard*). Fourrez-moi ça dans votre poitrine.

CHALUMEAU (*reculant*). Dans ma poitrine!..

BARBACANE (*lui introduisant le poignard sous sa chemise*). Entre la chemise et le gilet de flanelle.

CHALUMEAU (*doucement*). Permettez... Je vous ferai observer que je n'ai aucunement besoin...

BARBACANE (*sèchement*). Pas de vaillantise, pas de fanfaronnade, je n'aime pas ça... on ne prend jamais trop de précautions...au moins,si vous êtes tué, ce ne sera pas de ma faute.

CHALUMEAU (*faisant un soubresaut*). Comment, si je suis tué!.. (2)

BARBACANE. J'espère qu'il n'en sera rien, mais enfin il faut tout prévoir, c'est un gredin hardi et capable de tout.

CHALUMEAU. Qui ça, qu'est un gredin, qui ça?

BARBACANE. Méfions-nous-en et examinons tous les cas possibles... par exemple, dans l'hypothèse où il se cacherait...

CHALUMEAU. Il se cachera dans l'hypothèse... ous-ce qu'elle est, l'hypothèse?

BARBACANE (*bref*). Pas de plaisanteries déplacées. Dans cette hypothèse, dis-je, vous ne devez avoir de répit que vous ne l'ayez découvert. Quant à un malheur, s'il arrivait, soyez sans inquiétude... je m'engage à servir une pension viagère de 600 francs à votre veuve.

(1) Chalumeau, Barbacane.
(2) Barbacane, Chalumeau.

CHALUMEAU. A ma veuve!.. mais je ne veux pas que ma femme soit veuve... Je ne donnerai jamais mon consentement à cela...

BARBACANE. C'est votre affaire... mais assez de paroles, des actes... agissons, agissons... Vous vous ferez aider par mes deux gardes... Je vais les prévenir. (*Il sonne*).

CHALUMEAU (*sur le devant de la scène*). Je présume que ce vieillard est tombé en enfance.

BARBACANE (*aux deux gardes qui sont entrés, montrant Chalumeau*). Monsieur est mon nouveau régisseur, obéissez-lui comme à moi-même... Il va vous donner ses instructions... (*A Chalumeau.*) Je vous laisse avec eux... arrangez tout cela comme vous l'entendrez... Prudence et courage!..

ENSEMBLE.

AIR : *de Fortunio.*

BARBACANE.

Pas de phrases, des actions.

CHALUMEAU.

Pas de phrases, des actions,

BARBACANE.

Prenez bien vos précautions,

CHALUMEAU.

Prenons bien nos précautions,

BARBACANE.

Armez-vous bien, pour commencer...

CHALUMEAU.

Pour commencer.

BARBACANE.

Vous finirez par le pincer.

CHALUMEAU.

Par le pincer!

BARBACANE (*au fond*). Prudence et courage!..

(*Il sort par le fond*).

SCENE VIII.

CHALUMEAU, les DEUX GARDES.

CHALUMEAU (*très-agité, au milieu*) (1). Mes instructions... mais j'en manque, d'instructions... néanmoins, flattons la toquade de cet insensé!.. (*Regardant les deux gardes*). Qu'est-ce que je vas leur dire?.. (*toussant*). Hum! hum!.. (*Aux deux gardes avec importance*). Vous savez de quoi il s'agit?

PREMIER GARDE. A peu près.

CHALUMEAU (*imitant Barbacane*). Très-bien... Prenez ce pistolet, et vous ce poignard... c'est encore ce qu'il y a de mieux... bing! bing! bing!.. un homme est bien vite décousu...

DEUXIÈME GARDE. Mais...

CHALUMEAU. Pas de vaillantises, pas de fanfaronnades... c'est des bêtises... (*Au premier garde*). Ah! j'oubliais, si vous êtes tué, je ferai une pension *voyagère* de six francs... non, de six cents francs... à votre veuve.

(1) Un garde, Chalumeau, un garde.

PREMIER GARDE. Je suis garçon...

CHALUMEAU (*montrant l'autre garde*). Ah!... et lui?

DEUXIÈME GARDE. Moi, je suis marié.

CHALUMEAU (*au premier garde*). Eh bien, si vous êtes tué, c'est sa veuve à lui, (*Il montre le deuxième garde.*) qui aura la pension... mais ne m'interrompez pas... ça me coupe le fil... (*Imitant Barbacane.*) Pas de phrases, des actes, plusieurs actes... voilà ce que j'avais à vous dire... (*Par souvenir.*) Ah! encore un mot... (*les prenant par la main et mystérieusement.*) Prudence et courage!..

PREMIER GARDE (*à l'autre, et bas*). As-tu compris?

DEUXIÈME GARDE (*de même*). Non, et toi?

PREMIER GARDE. Moi non plus.

REPRISE DE L'ENSEMBLE :

AIR : *de Fortunio.*

CHALUMEAU.

Pas de phrases, des actions,

LES GARDES.

Pas de phrases, des actions,

CHALUMEAU.

Prenez bien vos précautions,

LES GARDES.

Prenons bien nos précautions.

CHALUMEAU.

Armez-vous bien, pour commencer,

LES GARDES.

Pour commencer,

CHALUMEAU.

Nous finirons par le pincer.

LES GARDES.

Par le pincer.

(Les deux gardes sortent. Pendant cette scène, la nuit est venue peu à peu).

SCÈNE IX.

CHALUMEAU, puis MADAME CHALUMEAU.

CHALUMEAU. Je crois que je m'en suis tiré d'une façon assez miroitante... c'est égal, c'est une drôle de place que j'ai là... Allons, voilà qu'il fait noir comme dans un four... c'est bête, j'ai peur dans l'*obscurité*, moi... me semble que j'aperçois une lumière par là... (*Il se dirige vers la droite et regarde par le trou de la serrure*). Oui... je distingue la silhouette d'un être du sexe... c'est Virginie... elle tient une chandelle à la main... elle se dirige par ici, sur la pointe du pied... (*Se relevant et d'un ton sombre.*) Où peut-elle se transvaser, une chandelle à la main?.. Où? où?... oh! je le saurai... (*Il se dissimule derrière un rideau.*)

MAD. CHALUMEAU (*un bougeoir à la main, s'avançant à pas de loup*). Il est en bas... Mademoiselle Blanche m'a dit de prendre par le petit escalier dérobé... (*Montrant la gauche*). c'est celui-ci... Il faut à tout prix le prévenir du danger qu'il court... Personne ne peut me surprendre... allons... (*Elle sort par la gauche.*)

CHALUMEAU (*sortant de derrière le rideau*). Qu'est-ce que ça veut dire?.. O jalouseté! jalouseté! tu enfonces tes griffes de vautour dans ma poitrine d'homme!.. suivons-là!..

(Il fait quelques pas et se heurte à Piquepot qui entre par le fond).

SCENE X.

CHALUMEAU, PIQUEPOT (1).

PIQUEPOT (*une lanterne à la main*). Prenez donc garde...

CHALUMEAU. Ne m'obstruez pas... ne m'obstruez pas... Faut que je voie où elle va...

PIQUEPOT. Qui?

CHALUMEAU. Ma femme... qui vient de passer par ici avec une chandelle.

PIQUEPOT. Avec une chandelle, parbleu elle va se coucher ; on lui aura donné la chambre verte.

(Il va poser sa lanterne sur la table à droite) (2).

CHALUMEAU. La chambre verte... au fait, que je suis bête, du moment qu'il y a une chambre verte ; très-bien, je vas aller avec elle.

PIQUEPOT. Vous n'y pensez pas.

CHALUMEAU. Mais si... que j'y pense!

PIQUEPOT. Votre devoir de régisseur avant tout... vous avez une mission à remplir.

CHALUMEAU. Laquelle?

PIQUEPOT. Tiens, au fait, c'est vrai, je ne vous ai pas dit.

CHALUMEAU. Vous ne m'avez rien dit du tout.

PIQUEPOT. Vous êtes ici pour pincer un voleur.

CHALUMEAU. Un voleur!...

PIQUEPOT. Qui s'introduit furtivement depuis quelque temps dans la maison, et qui y dérobe l'argenterie.

CHALUMEAU. J'y suis!... c'est celui qui se cache dans l'hypothèse!

PIQUEPOT. Si vous réussissez, votre fortune est faite.

CHALUMEAU. Sapristi! je comprends maintenant... mais c'est une fonction malsaine, ça.

PIQUEPOT. Ne me remerciez pas ; je n'ai fait que ce que je devais, je savais qu'il y avait de l'argent à gagner et des coups à recevoir, j'ai tout de suite pensé à vous.

CHALUMEAU. Vous êtes bien bon. (*à part*) Si je lui fichais une claque?

SCÈNE XI.

LES MEMES, UN GARDE (*accourant*). (3)

LE GARDE (*tout effaré*). M. le régisseur, M. le régisseur!

CHALUMEAU. Qu'est-ce qu'il y a?

LE GARDE. Il y a que mon camarade croit avoir aperçu dans l'ombre un homme qui se faufilait entre les arbres du parc, et j'viens vous chercher tout de suite.

---

(1) Piquepot, Chalumeau.
(2) Chalumeau, Piquepot.
(3) Chalumeau, le Garde, Piquepot.

CHALUMEAU (*effrayé*). Me chercher!... M. Piquepot, on vient me chercher.

PIQUEPOT. Eh bien ! il faut y aller.

CHALUMEAU. Sapristi, mais les nuits sont fraiches, Je tombe *latéralement* de sommeil. J'aime mieux aller retrouver mon épouse dans la chambre verte.

PIQUEPOT. Ca ne presse pas.

CHALUMEAU. Comment ça ne presse pas, mais...

PIQUEPOT. Allons, pas d'hésitation, vous ne pouvez faire autrement (*le poussant*). Allez, allez.

CHALUMEAU. Mais je clignotte.

PIQUEPOT. Ca se dissipera en patrouillant, allez, allez.

CHALUMEAU (*avant de sortir au garde*). Suivez-moi ! (*le prenant par le bras et le plaçant devant lui*). Suivez-moi devant !... (*Ils sortent par le fond*).

SCÈNE XII.

PIQUEPOT, MADAME CHALUMEAU.

PIQUEPOT (*au fond*). Ce pauvre Chalumeau, il n'a pas inventé la bravoure !

MAD. CHALUMEAU (*rentrant par la petite porte de gauche, très agitée*). J'ai eu beau faire, il n'a pas voulu m'entendre, et au lieu de fuir, il a escaladé la fenêtre comme un écureuil, au risque de se casser le cou. Oh ! les amoureux !... Comment pourra-t-il s'échapper maintenant ? si encore la petite porte d'en bas n'était pas fermée...

PIQUEPOT. Eh ! mais c'est la séduisante barbière.

MAD. CHALUMEAU (*à part*). M. Piquepot... lui qui a toutes les clefs...si je pouvais...

PIQUEPOT. Comment se fait-il que vous ne reposez-pas ?

MAD. CHALUMEAU (*avec embarras*). Je cherchais après Chalumeau... je le croyais par ici...

PIQUEPOT. Non... il vient de sortir...

MAD. CHALUMEAU (*minaudant.*) Je ne pensais pas avoir le plaisir de vous rencontrer...

PIQUEPOT (*à part.*) Le plaisir, hum !.. (*haut.*) Le plaisir est pour moi... et...

MAD. CHALUMEAU (*même jeu.*) Est-ce que vous m'en voulez encore de ma petite scène de l'autre jour ?..

PIQUEPOT. Hé ! hé ! vous avez été tranchante... (*caressant son menton.*) Trop tranchante.

MAD CHALUMEAU (*même jeu*). Ah ! monsieur Piquepot, n'abusez pas de ma faiblesse, je vous en prie...

PIQUEPOT (*à part.*) Diable ! diable ! Je crois que voilà le moment de me lancer... (*avec exaltation.*) Femme céleste, accordez-moi un rendez-vous, un petit rendez-vous.

MAD. CHALUMEAU (*sur le même ton.*) Y songez-vous... Ici !.. sous le même toit que mon époux...

PIQUEPOT (*très-pressant.*) Eh bien non... une petite promenade sentimentale au clair de la lune...

MAD. CHALUMEAU (*résistant.*) Mais...

PIQUEPOT (*vivement.*) Si... si... vous consentez... ô bonheur ! je cours chercher la clé de la petite porte d'en bas et je reviens... je reviens ma colombe.

MAD. CHALUMEAU (*à part.*) Il est sauvé !

PIQUEPOT. Elle est prise !.. (*à lui-même en sortant.*) Séducteur, va !..

(Il sort par le fond.)

MAD. CHALUMEAU. Et vite, pendant ce temps, courons avertir M. Georges...

(Elle entre à gauche.)

SCENE XIII.

CHALUMEAU, puis MADAME CHALUMEAU et GEORGES.

CHALUMEAU (*rentrant par le fond, au public*). Je les ai lâchés... et je me suis introduit dans la chambre verte... Je l'ai explorée dans tous les sens... il n'y a personne... J'ai interrogé les meubles... ils ne m'ont rien répondu...

MAD. CHALUMEAU (*en dehors.*) Venez, venez...

CHALUMEAU. La voix de mon épouse !... (*regardant par le trou de la serrure*). Elle parle à un individu du *système* masculin... O ciel ! que vais-je apprendre ?

(Il se tapit derrière un fauteuil à l'avant-scène de gauche.) (1)

GEORGES (*que madame Chalumeau entraîne.*) Méchante, pourquoi nous séparer si vite...

CHALUMEAU (*le reconnaissant.*) Lui !.. encore lui !

MAD. CHALUMEAU. Imprudent ! vous savez qu'on vous cherche de tous côtés.. qu'on vous a vu... et vous demandez à rester ici...

GEORGES (*avec regret.*) Allons, j'obéis... et je pars...

MAD. CHALUMEAU. Par où allez-vous fuir... les gardes sont en bas avec mon mari... Ils vous guettent...

GEORGES. Au petit bonheur !

MAD. CHALUMEAU. Non... attendez... on vient... cachez-vous derrière moi...

SCÈNE XIV.

LES MÊMES, PIQUEPOT (2).

PIQUEPOT (*montrant la clé.*) Me voici... Je l'ai...

MAD. CHALUMEAU (*la prenant.*) Donnez...

CHALUMEAU (*à part.*) Ce vieux singe en est aussi... quel gâchis !..

PIQUEPOT (*avec amour.*) Et maintenant, ô ma reine...

MAD. CHALUMEAU. Maintenant, allez me chercher mon mantelet que j'ai oublié, là, dans cette chambre ?...

PIQUEPOT (*contrarié.*) Encore !..

MAD. CHALUMEAU. Si ça vous dérange...

PIQUEPOT. Non... j'y vole... ange... j'y vole...

(Il sort par la gauche.)

MAD. CHALUMEAU (*vivement à Georges.*) Tenez, prenez vite, c'est la clé de la porte d'entrée... (*montrant la gauche.*) Vous descendrez par ce petit escalier qui donne dans le vestibule... emportez la lanterne...

(Elle la lui donne.)

(1) Chalumeau, Georges, madame Chalumeau.

(2) Chalumeau, Piquepot, madame Chalumeau, Georges.

GEORGES. Chère Virginie, vous pensez à tout... je me sauve...

MAD. CHALUMEAU (*le retenant.*) Eh bien!.. eh bien!. étourdi... avant de partir, ne faut-il pas que vous emportiez un couvert d'argent comme d'habitude...

CHALUMEAU (*à part.*) C'est le filou!.. Et ma femme est sa complice!!.

GEORGES. C'est juste... aujourd'hui plus que jamais...

CHALUMEAU (*à part.*) O mon Dieu!.. je rêvasse.., C'est pas possible... je suis *funambule*!

(Il traverse le théâtre en rampant et va se cacher derrière la table de droite.) (1)

MAD. CHALUMEAU (*ouvrant le buffet, à Georges.*) Eclairez-moi... Tenez, voilà de l'argenterie... vite, un papier pour envelopper ces couverts... (*ouvrant un tiroir.*) Justement en voici... (*regardant.*) Tiens, c'est de l'imprimé!.. (*Elle enveloppe les couverts dans les épreuves que Barbacane a placées dans le buffet, et les donne à Georges.*) Et maintenant, partez, beau Roméo...

CHALUMEAU (*à part*). Roméo!... Je sais son nom!

GEORGES (*lui embrassant la main*). Merci, bonne Virginie. merci... et à bientôt.

(Il sort par la droite. Le théâtre redevient obscur).

MAD. CHALUMEAU. Quant à Monsieur Piquepot, qu'il me cherche! (*elle sort par la gauche premier plan*).

CHALUMEAU (*pâle et en désordre*). Horreur!... ma femme *cheffesse* de voleurs!... Ah! le cœur me manque... les jambes aussi... je m'en vas... je m'en vas (*il fait quelques pas en trébuchant*). Chef de voleurs!...

(Il tombe sur le fauteuil à gauche, son pistolet lui échappe et part).

(1) Madame Chalumeau, Georges, Chalumeau.

SCÈNE XV.

CHALUMEAU (*étendu sans connaissance sur le fauteuil*). BARBACANE (*en costume de nuit*). PIQUEPOT (*avec le mantelet*). MADAME CHALUMEAU, BLANCHE, les deux GARDES, DOMESTIQUES avec des flambeaux (1).

AIR : *Quel est donc ce tapage.*

CHOEUR.

Courons, sachons bien vite,
Qui cause tout ce bruit,
Le voleur dans sa fuite,
Aura tiré sur lui!

MAD. CHALUMEAU (*frappant dans les mains de son mari*). Chalumeau... Chalumeau... serais-tu blessé?

CHALUMEAU (*se relevant tout-à-coup, écarte sa femme avec la main, et après avoir regardé tout le monde s'écrie avec égarement*). Venise!.. belle et sombre Venise!.. Mandrin!... ma tête brûle... ô Roméo, là-bas... la chambre verte... une patrouille... bing, bing, bing... une femme... oui, une faible femme... misère et hypothèse... oh! j'étrangle!... chef de voleurs! chef de voleurs!... (*il retombe évanoui*).

REPRISE DU CHOEUR.

Tableau. — La toile tombe.

(1). Blanche, Madame Chalumeau, Chalumeau, Piquepot, Barbacane, les gardes au fond avec les domestiques.

ACTE TROISIÈME

Le théâtre représente un salon meublé avec un luxe de mauvais goût. — Fenêtre à gauche. — Portes latérales.

SCÈNE PREMIERE.

BLANCHE, MADAME CHALUMEAU (1).

(Au lever du rideau, Blanche est assise dans un fauteuil près d'un guéridon, elle tient à la main un livre, mais ne lit pas.)

MAD. CHALUMEAU. Voilà un livre qui n'a pas l'air de vous intéresser beaucoup.

BLANCHE (*jetant le livre sur le guéridon*). En effet... ma pensée est loin de ma lecture.

MAD. CHALUMEAU (*souriant*). Et il est inutile de vous demander où est votre pensée.

BLANCHE. Tu le devines?

MAD. CHALUMEAU. Avec cela que c'est difficile...

BLANCHE (*brusquement*). Sais-tu que j'ai eu bien peur il y a huit jours...

MAD. CHALUMEAU. Et moi donc!

(Elles se lèvent).

BLANCHE. J'ai cru qu'il était découvert...

(1) Blanche, madame Chalumeau.

MAD. CHALUMEAU. Je l'ai pensé aussi... Cet imbécile de Chalumeau m'a donné une venette ..

BLANCHE. Mais pourquoi a-t-il tiré ce coup de pistolet?

MAD. CHALUMEAU. Est-ce que je sais!

BLANCHE. Comment, il ne t'a pas dit?,.

MAD. CHALUMEAU. Ne m'en parlez pas... depuis son vertigo de l'autre fois je n'ai pu tirer un mot de lui. Il est tout à fait changé à mon égard, il me regarde d'un air sombre, il évite de me rencontrer, ce qui lui est d'autant plus facile qu'il veille, le fusil sur l'épaule, pendant que je dors, et se couche dès que je me lève...

BLANCHE. Pauvre Georges... c'est bien fini maintenant, je ne le reverrai plus...

MAD. CHALUMEAU. Qui sait!.. les amoureux, c'est comme les chats, ça a la vie dure...

BLANCHE. Je n'espère plus rien...

MAD. CHALUMEAU. Baste... ça ne coûte rien d'espérer...

PIQUEPOT (*en dehors*). Soyez tranquille, mon honorable ami, soyez tranquille...

BLANCHE (1). Monsieur Piquepot, je me sauve...

(1) Madame Chalumeau, Blanche.

Je ne veux pas qu'il s'aperçoive que j'ai les yeux rouges... Il est si rapporteur, il le dirait à mon père... Virginie, je suis bien malheureuse, va!

(Elle sort par la droite).

MAD. CHALUMEAU (*la regardant sortir*). Pauvre demoiselle!..

SCÈNE II.

MADAME CHALUMEAU, PIQUEPOT (1).

PIQUEPOT. Ouf! je viens encore d'essuyer une bourrasque (*apercevant madame Chalumeau*). Que vois-je... l'ange de mes rêves...

MAD. CHALUMEAU (*riant*). A l'autre maintenant!

PIQUEPOT. Ingrate, cruelle, vous me fuyez depuis huit jours... Pourquoi? pourquoi?..

MAD CHALUMEAU (*froidement*). Savez-vous que les foins seront beaux cette année.

PIQUEPOT. Méchante!.. O Virginie! laissez-moi être votre petit Paupaul...

MAD. CHALUMEAU (*même jeu*). On dit que la volaille est augmentée et qu'il a gelé blanc cette nuit (2).

SCENE III.

LES MÊMES, CHALUMEAU (3).

(Chalumeau paraît au fond, il est en bonnet de coton et il a un sabre en bandoulière, en voyant sa femme et Piquepot, il s'arrête).

CHALUMEAU (*au fond*). Il sont ensemble!..

PIQUEPOT (*à madame Chalumeau*). Ah! quelle froideur! c'est désespérant... Pourquoi voulez-vous arrêter Cupidon dans son vol...

CHALUMEAU (*a part*). Ils parlent de leurs petites affaires... C'est au tour de Cupidon de chipper quelque chose...

PIQUEPOT (*baisant la main de madame Chalumeau*). Virginie! chère Virginie...

CHALUMEAU (*s'avançant au milieu d'eux*) (4). Eh bien, ne vous gênez pas...

PIQUEPOT. Le mari!.. (*A Chalumeau*). Je vais vous expliquer...

CHALUMEAU. Pas d'explications!..

MAD. CHALUMEAU. Je suis sûr, Chalumeau, que tu te fais des idées...

CHALUMEAU (*sombre*). Je ne me fais pas d'idées! Depuis quelque temps j'ai eu des *phrases* si singulières dans mon existence, que rien ne peut plus m'étonner... Vous viendriez me dire que l'on a transporté Paris à Soissons, que je vous dirais : vous en avez menti... mais je vous croirais.

PIQUEPOT (5). Mon cher Chalumeau, je...

CHALUMEAU (*s'animant*). Oui, monsieur, oui, j'ai vu des choses... des choses... que les fourberies d'*escarpin* ne sont rien auprès.

PIQUEPOT (*à part*). Est-ce qu'il aurait des doutes... Détournons la conversation... (*Haut*). Je vois que vous n'oubliez pas vos devoirs... ce sabre ne vous quitte pas.

CHALUMEAU (*d'un ton concentré*). Jamais, monsieur, je couche avec!..

PIQUEPOT (*à part*). Décidément, il a des doutes, le mieux est de filer... (*Haut et cherchant à se donner de l'assurance*). Je vous laisse, mon bon Chalumeau, vous devez avoir besoin de repos... Dormez bien, dormez sur les deux oreilles.

CHALUMEAU. Sur les deux oreilles... Vous savez bien que c'est moralement impossible...

PIQUEPOT. Au revoir... et sans rancune...

CHALUMEAU. Bonsoir... (*A part*). Ce vieux filou me fait mal à voir...

PIQUEPOT (*s'en allant*). La manière dont il a parlé de son sabre m'inquiète, soyons prudent...

ENSEMBLE.

AIR *de Gastilbelza*. (Maillard).

PIQUEPOT.

Je crains tout (*bis.*)
Evitons sa défiance!
Et surtout (*bis.*)
Filons vite par prudence.

CHALUMEAU.

Ce filou (*bis.*)
Me gêne par sa présence,
Qu'il file ou (*bis.*)
Je lui donnerais un' danse.

MAD. CHALUMEAU.

Est-il fou? (*bis.*)
D'où vient donc qu'en ma présence
D'un vieux loup (*bis.*)
Il prend l'air de défiance?

(Piquepot sort par le fond).

SCÈNE IV.

CHALUMEAU, MADAME CHALUMEAU (1).

MAD. CHALUMEAU (*a pris machinalement le livre laissé par Blanche sur le guéridon, l'a ouvert et s'est assise*). Voyons ce qu'il va me dire.

(Elle fait semblant de lire).

CHALUMEAU (*la contemplant*). Elle lit... de la *pousie*, sans doute... Elle lit sans s'apercevoir que je la considère... avec mépris... Allons nous coucher!.. (*Il fait quelques pas vers le fond*).

MAD. CHALUMEAU. Eh bien, il s'en va... Chalumeau!

CHALUMEAU (*se retournant*). Quoi-ce que c'est?

MAD. CHALUMEAU. Vous sortez?

CHALUMEAU (*brusquement*). Oui.

MAD. CHALUMEAU (*l'imitant*). Oui... C'est là tout ce que vous avez à me dire?

CHALUMEAU. Entièrement tout!..

(1) Piquepot, madame Chalumeau.
(2) Madame Chalumeau, Piquepot.
(3) Madame Chalumeau, Piquepot, Chalumeau au fond.
(4) Madame Chalumeau, Chalumeau, Piquepot.
(5) Chalumeau, Piquepot, madame Chalumeau assise près de la table de droite et lisant.

(1) Chalumeau, madame Chalumeau.

MAD. CHALUMEAU (*allant à lui*). Voyons, qu'est-ce que tu as? je te trouve l'air renversé.

CHALUMEAU. Il se peut que j'ayecet air. (*A part.*) Moi, je lui trouve un regard atroce.

MAD. CHALUMEAU. Il me semble que tu n'es pas si pressé de dormir, et que tu peux bien me consacrer un instant... je ne m'amuse pas déjà tant ici.

CHALUMEAU (1). Me semble que tu ne t'ennuies pas, puisque tu lis des romans.

MAD. CHALUMEAU (*montrant le livre*). Ce bouquin...

CHALUMEAU (*le prenant et l'ouvrant*). « La vie et les aventures du célèbre Cartouche... » (*Jetant le livre sur le guéridon, et à part.*) Elle finit ses études!...

MAD. CHALUMEAU. Voyons... voilà encore que tu fronces le sourcil... Ris donc un peu, grosse bête...

CHALUMEAU. Elle batifolle!.. Ah! elle est complétement *pervertite*.

MAD. CHALUMEAU. Est-ce que par hasard ce serait parce que cet imbécile de Piquepot me baisait la main?.. Ne crains rien, va; je ne pensé qu'à toi, et la preuve, c'est que je te réserve une surprise...

CHALUMEAU (*à part*). Une surprise!.. qu'est-ce qui va encore me tomber sur la tête!...

MAD. CHALUMEAU. C'est aujourd'hui la Saint-Joseph...

CHALUMEAU. Mon saint... c'est vrai... je l'avais oublié... en totalité.

MAD. CHALUMEAU. Et voici mon cadeau. (*Elle lui donne un petit paquet.*)

CHALUMEAU (*le dépliant*). (2) Un couvert d'argent!.. (*A part avec un geste de dégoût.*) C'est sa part du butin... Et elle ose me l'offrir... il est à filet... O humiliation!..

MAD. CHALUMEAU. Tu ne m'embrasses pas?

CHALUMEAU (*avec embarras*). Si.. si.. (*Il l'embrasse du bout des lèvres.*) Oh! si la Cour d'assises me voyait!

MAD. CHALUMEAU (*avec abandon*). Ecoute, Chalumeau, je désire qu'il n'y ait pas de mystère entre nous... si tu veux me promettre d'être bien gentil, bien aimable, je te révèlerai un grand secret...

CHALUMEAU. Un secret? (*A part.*) Elle va me proposer d'entrer dans la bande!

MAD. CHALUMEAU. Un secret qui, si tu sais en profiter, pourra aider beaucoup à ton avancement.

CHALUMEAU (*à part*). Voudrait-elle me faire nommer capitaine... (*Haut avec force.*) C'est inutile, je refuse...

MAD. CHALUMEAU. Comment, tu refuses... sans savoir...

CHALUMEAU (*d'une voix forte*). (3) Je sais tout.. tout! (*Se croisant les bras et du ton de l'indignation la plus violente.*) Mais, madame, vous me prenez donc pour un être sans pudeur et sans délicatesse... Vous ne vous apercevez donc pas que mon œil est chargé d'éclairs, que ma tête est en feu!.. Mais l'honneur, madame, vous le foulez donc sous vos bottines... Et la conscience, madame..., la conscience!.. C'est beaucoup de pouvoir se dire en se couchant : Oui, j'ai un poids sur l'estomac... mais ça n'est pas le remords... ce n'est que mon dîner qui ne passe pas!.. (*Il se promène à grands pas.*)

MAD. CHALUMEAU. Je ne vous comprends plus du tout... Où voulez-vous en venir?

(1) Chalumeau, madame Chalumeau.
(2) Chalumeau, madame Chalumeau.
(3) Madame Chalumeau, Chalumeau.

CHALUMEAU. Je veux en venir que dorénavant et désormais je vous retire ma confiance... je ne vous dénoncerai pas, parce que je ne veux pas que mon nom soit traîné dans les feuilles *et dromadaires*... voilà tout ce que je peux faire pour vous...

MAD. CHALUMEAU. Ah! à la fin, vous m'ennuyez... je me moque pas mal de votre confiance, et je vous somme de me dire...

CHALUMEAU (*l'interrompant*). Rien!.. J'ai perdu toutes mes illusions de jeune fille.

MAD. CHALUMEAU. Vous expliquerez-vous, à la fin!..

CHALUMEAU. Les explications seraient *superflutes*...

MAD. CHALUMEAU (*s'animant à son tour.*) Et moi, je vous dis que vous parlerez... (*avançant sur lui*). Ah! vous croyez que vous viendrez me rouler des yeux de caniche en colère...

CHALUMEAU (*reculant*). Madame!

MAD. CHALUMEAU (*même jeu*). Que vous ferez aller vos jambes et vos bras comme un polichinelle de quinzesous...

CHALUMEAU (*reculant*). Madame!

MAD. CHALUMEAU. Ah! mais, c'est qu'on n'a rien à dire sur mon compte, entendez-vous... (*Elle le secoue.*)

CHALUMEAU. J'entends bien.

MAD. CHALUMEAU. Parlez donc, alors... (*Le prenant au collet.*) Parlez... (1)

CHALUMEAU (*doucement*). Permets, ma biche...

MAD. CHALUMEAU (*le secouant*). Un Chalumeau, venir me traiter ainsi... sans motifs... un homme que je choie... que j'élève dans du coton... comme un serin apprivoisé!..

CHALUMEAU. Je te fais des excuses... Tu vas casser mes bretelles!

MAD. CHALUMEAU. Voilà ce que c'est que d'être trop bonne... parce que je suis une faible femme, n'est-ce pas?.. mais ne vous y fiez pas... j'ai des moyens de me venger... et je me vengerai...

AIR : *Du Charlatanisme.*

Songez que je puis si je veux,
Changeant d'allure et de conduite,
A votre ton injurieux
Donner la leçon qu'il mérite;
Oui, d'avance savourant vos pleurs,
De me venger je m'fais un' fête...

(*Parlé*). Ah! Chalumeau!..

Vous ne savez pas quels malheurs (*bis.*)
Vous attirez sur votre tête! (*bis.*)

CHALUMEAU (*à part*). Elle va me livrer à ses complices.. (*Haut.*) Virginie, j'embrasse ta crinoline...

MAD. CHALUMEAU. Arrière, manant!... je me vengerai!... (*Elle sort vivement par la droite.*)

SCENE V.

CHALUMEAU (*seul*).

CHALUMEAU. Ah! j'ai eu tort de l'exciter... Voilà ce que c'est que d'épouser une *cheffesse* de brigands!...j'aurais dû accepter ses propositions et m'enrôler dans la bande... comme membre honoraire...

GEORGES (*à la porte du fond*). Je ris de l'éton-

(1) Chalumeau, madame Chalumeau.

nement de tous ces braves gens... Tiens, monsieur Chalumeau. (*Il s'avance et frappe sur l'épaule de Chalumeau.*) Bonjour, monsieur Chalumeau...

CHALUMEAU (*se retournant et au comble de la frayeur*) (1). Le capitaine!... (*d'une voix étranglée.*) Au secours, à la garde...

GEORGES (*lui saisissant le bras*). Qu'est-ce qui vous prend... Voulez-vous vous taire...

CHALUMEAU (*à part*), Ne résistons pas : il est le plus fort... bing! bing! bing!... il n'aurait qu'à me découdre...

GEORGES. Ne savez-vous donc pas qui je suis?

CHALUMEAU. Si... si...

GEORGES. Votre femme vous a tout avoué?

CHALUMEAU. Oui... oui... capitaine...

GEORGES (*le reprenant*) Lieutenant... eh bien, tant mieux... Plus de mystère... et vous êtes des nôtres?..

CHALUMEAU. Pas encore... mais... je suis décidé.. oui... je vois qu'il n'y a pas moyen de faire autrement... c'est la vocation qui me manquait... non pas que je méprise votre état... ah! Dieu, y a d'honnêtes gens partout... mais maintenant, je comprends vos raisons, je les comprends parfaitement, capitaine...

GEORGES. Lieutenant... Tu n'entends donc pas...

CHALUMEAU. Ah! vous n'êtes encore que...

GEORGES. Que lieutenant... parbleu à vingt-cinq ans il me semble que c'est assez joli...

CHALUMEAU. C'est très-joli..

GEORGES. Et porté sur les cadres pour la première promotion.

CHALUMEAU. Ah! vous êtes porté pour l'encadrement... Permettez-moi, lieutenant Roméo, de m'en réjouir avec vous... (*à part.*) Je le flatte, le gueux... (*haut.*) Désormais, vous pouvez compter sur moi... Je suis de la société... et allez donc!.. (*à part.*) je me répugne à voir! (2)

GEORGES (*lui donnant une poignée de main*). Votre femme m'avait bien dit que vous étiez un brave homme...

CHALUMEAU (*à part*) Un brave homme!.. quel abus de la langue!

GEORGES. J'ai en vous la plus grande confiance.

CHALUMEAU (*avec noblesse*). Lieutenant... cette confiance m'honore, je ferais tout pour m'en rendre digne... (*à part.*) Me voilà sur la pente du crime, je ne m'arrêterai plus...

SCENE VI.

LES MÊMES, MADAME CHALUMEAU et PIQUEPOT (3).

MAD. CHALUMEAU (*entrant vivement suivi de Piquepot*). Qu'est-ce que disent les domestiques?... monsieur Georges, ici?..

GEORGES. Ah! voilà ma charmante alliée et ce cher M. Piquepot...

PIQUEPOT. Imprudent!.. vous avez forcé la consigne?..

GEORGES. Sans scrupule... pourquoi me gênerais-je?

(1) Georges, Chalumeau.
(2) Chalumeau, Georges.
(3) Chalumeau, Georges, madame Chalumeau, Piquepot.

MAD. CHALUMEAU (*stupéfaite*). Pourquoi... ah! ça... est-ce que je rêve?.. mais vous savez bien que M. Barbacane a l'intention de vous jeter à la porte si vous paraissez devant lui!..

GEORGES (*tranquillement*). Je le sais.

PIQUEPOT. Et vous restez?

GEORGES (*de même*). Je reste...

CHALUMEAU. Il n'a peur de rien!..

MAD. CHALUMEAU. Mais c'est de la folie...

CHALUMEAU. C'est de la démence, lieutenant...

GEORGES (*souriant*). Non!.. (*les prenant par la main et les amenant près de l'avant-scène*). Ecoutez-moi...

CHALUMEAU (*à part*). Qu'est-ce qu'il va dire?...

GEORGES. C'est aujourd'hui que nous allons frapper le grand coup...

CHALUMEAU (*se soutenant à peine*). Le grand coup!..

GEORGES (*avec résolution*). Plus de déguisements... nous allons attaquer l'ennemi en face, je me charge de M. Barbacane.

MAD. CHALUMEAU. Vous?

CHALUMEAU (*à part*) Il paraîtrait que nous allons nettoyer toute la maison...

GEORGES. Soyez tranquille, mes armes sont prêtes, et j'espère en venir facilement à bout...

CHALUMEAU (*à part*) C'est l'hideux!.. (*haut.*) Espérons-le... espérons-le (*à part*). Suis-je assez canaille, ô mon Dieu!

GEORGES. Mais avant tout, j'ai deux mots à dire à Blanche... (*à madame Chalumeau.*) Conduisez-moi près d'elle... M. Chalumeau va rester ici et quand M. Barbacane paraîtra... (1)

CHALUMEAU. Je sifflerai, connu...

GEORGES. Du tout... Vous viendrez me prévenir...

CHALUMEAU. Faites excuse, lieutenant... j'avais toujours vu qu'on sifflait (*à part.*) Comme les traditions se perdent!

PIQUEPOT (*à Georges*) Je n'y comprends rien... quoi, vous voulez?...

GEORGES. Suivez-nous... je vous expliquerai tout... (*à Chalumeau*). Chalumeau, vous m'avez compris.

CHALUMEAU. Parfaitement, lieutenant... (*à part*). Je vas moucharder mon bienfaiteur. Ah! je suis un Romain de la décadence!...

GEORGES (*à Piquepot et à Madame Chalumeau*). Venez, venez, mes amis!..

(Il entre à droite suivi de madame Chalumeau et de Piquepot.)

SCENE VII.

CHALUMEAU, PIQUEPOT (2).

(Au moment où Piquepot va pour suivre Georges et madame Chalumeau, Chalumeau le retient).

CHALUMEAU. Monsieur Piquepot... un mot... (*A part*). Tâchons de sauver l'infortuné patron.!

PIQUEPOT. Dites vite...

CHALUMEAU (*avec émotion se jetant aux genoux de Piquepot*). Vieillard, faites un retour sur vous-même... il en est encore temps... Revenez à la vertu... unissons-nous pour l'expulser d'ici.

(1) Chalumeau, Georges, madame Chalumeau et Piquepot au fond à droite causant ensemble.
(2) Chalumeau, Piquepot.

PIQUEPOT. Etes-vous fou... Je vous recommande au contraire les plus grands égards pour ce jeune homme... Mais laissez-moi, je suis pressé de savoir le fin mot...

(Il sort par la droite).

CHALUMEAU (*désolé*). Ils s'entendent tous, les gredins!.. Oh ! malheureux Barbacane! Plumassier infortuné !

SCÈNE VIII.

CHALUMEAU, BARBACANE (1).

BARBACANE (*entrant*). J'ai tout bouleversé dans le pavillon qui me sert de cabinet de travail... Elles n'y sont décidément pas... Chalumeau!..

CHALUMEAU. Monsieur!

BARBACANE. Les avez-vous trouvées?

CHALUMEAU. Quoi?

BARBACANE. Mes épreuves, que je cherche depuis huit jours.

CHALUMEAU. Il s'agit bien d'épreuves...

BARBACANE. Mais...

CHALUMEAU (*l'interrompant*). Non... permettez-moi une futile observation.

BARBACANE. Pourquoi faire ?

CHALUMEAU. C'est dans votre intérêt. Je trouve que vous êtes vêtu bien à la *légerte*... à votre place, je mettrais une petite cuirasse sous mon gilet de flanelle...

BARBACANE. Vous moquez-vous de moi?..

CHALUMEAU. Me moquer de vous!.. moi... me moquer!.. Si vous saviez!.. (*avec expansion*). M. Barbacane... (*à part*). Tant pis, je vais tout lui dire. (*haut*) Apprenez... (*Georges paraît au fond, Chalumeau l'aperçoit et reste court*). Il m'espionne, le chenapan!

BARBACANE. Eh bien?..

CHALUMEAU (*terrifié*) Rien...

BARBACANE (*descendant la scène avec colère*). A-t-on vu, cet animal!

GEORGES (*bas à Chalumeau dont il s'est approché*) (2). Je crois que le moment est bon.

CHALUMEAU (*avec un sourire contraint*). Oui, je le crois assez bon...

GEORGES. Va-t-en...

CHALUMEAU (*d'une voix étranglée*) Oui, lieutenant. (*à part*). Oh! je le sauverai malgré tout... Je vais prévenir les gardes forestiers.

(Il sort par le fond).

SCENE IX.

GEORGES, BARBACANE (3).

BARBACANE. Je n'aime pas qu'on fasse de mauvaises plaisanteries... entendez-vous, monsieur Chalumeau, entendez-vous! (*Il reconnaît Georges et s'arrête stupéfait*). Hein?

GEORGES (*s'avançant poliment*). M. Barbacane, permettez-moi de vous présenter mes devoirs.

(1) Chalumeau, Barbacane.
(2) Georges, Chalumeau, Barbacane.
(3) Georges, Barbacane.

BARBACANE (*suffoqué*). Vous!... vous ici!...

GEORGES. Oserais-je m'informer de l'état de votre santé?

BARBACANE. Que venez-vous faire chez moi?..

GEORGES. Je viens vous raconter une petite histoire.

BARBACANE. Une histoire! Ne voyez-vous pas, monsieur, que j'écume en dedans.

GEORGES. Mon histoire vous calmera, elle est tellement courte que vous auriez tort de ne pas l'écouter, et je vous assure que vous vous en repentiriez toute votre vie.

BARBACANE (*avec ironie*). Vraiment !..

GEORGES. Au surplus, si vous ne voulez pas l'entendre, je n'insisterai pas davantage.

BARBACANE (*vivement*). Au contraire, monsieur, au contraire, j'exige maintenant que vous me la disiez... Je l'exige, entendez-vous !..

GEORGES (*consultant à la dérobée un papier qu'il tire de sa poche*). A votre gré... Je commence... Il y avait une fois un homme très-remarquable, un homme qui méritait parfaitement d'être heureux, mais auquel le sort jaloux avait réservé une contrariété incessante qui empoisonnait ses jours et ses nuits... Quand cet homme martyrisé ouvrait les fenêtres du salon de son élégante villa, au lieu d'apercevoir devant lui la campagne, ses prés, ses arbres, et à l'horizon la locomotive bruyante emportant dans sa marche rapide une traînée de wagons, son œil attristé ne rencontrait pour perspective que le grand mur sec et blafard de la maison voisine...

BARBACANE. Blafard!... mais c'est mon histoire que vous racontez-là, monsieur...

GEORGES (*cachant vivement les épreuves*). Vous croyez... Je n'en sais rien, et je vous demande la permission de continuer... Un beau jour... comme aujourd'hui, par exemple... une fée, un bon génie, sous les apparences d'un jeune homme distingué, se présente devant le malheureux propriétaire de la villa, se dirige vers la fenêtre de son salon... comme je fais en ce moment... l'ouvre (*il ouvre la fenêtre*) et lui dit : Regardez !..

BARBACANE (1). Que vois-je! La campagne... les prés.. les arbres .. la rivière et le chemin de fer!.. Où est donc la maison?...

GEORGES. Démolie!..

BARBACANE. Quand?

GEORGES. Cette nuit!..

BARBACANE. Par qui?

GEORGES. Par moi!..

BARBACANE. Vous!.. vous avez démoli la maison?

GEORGES. Pas précisément moi... mais une trentaine d'ouvriers que j'y ai mis hier soir.

BARBACANE. Mais, malheureux, de quel droit?

GEORGES. Du droit que tout propriétaire a d'abattre ses immeubles...

BARBACANE. Cette maison était à vous?

GEORGES. Parfaitement...

BARBACANE. Depuis quand?

GEORGES. Depuis deux jours...

BARBACANE. Quoi!.. votre oncle?..

GEORGES (*ôtant son chapeau*). Respectons sa mémoire!...

BARBACANE. Il n'est plus?

GEORGES. Et je suis son unique héritier...

BARBACANE. Alors vous êtes riche?..

GEORGES. Comme un Nabab!

(1). Barbacane, Georges.

SCÈNE X.

LES MÊMES, CHALUMEAU, LES DEUX GARDES.

CHALUMEAU (*au fond aux gardes*). Restez-là... quand je vous ferai signe, vous vous précipiterez sur lui.

BARBACANE (*à Georges*). (1) Mais alors touchez là... (*Il lui tend la main.*)

GEORGES. Volontiers !...

CHALUMEAU (*stupéfait*). Ils se donnent la main ! (*Il fait des signes à Barbacane.*)

BARBACANE (*brusquement*). Que voulez-vous? Que venez-vous faire ?

CHALUMEAU (*rencontrant le regard de Georges*). Moi... rien... rien...

BARBACANE (*à Georges*). Et je vous ai chassé de chez moi... Me le pardonnerez-vous?..

CHALUMEAU (*à part*). Il lui fait des excuses !

GEORGES. Je n'ai pas de rancune, mon cher monsieur Barbacane...

BABACANE. A la bonne heure ! (*Voyant Chalumeau qui lui fait des signes.*) Qu'est-ce que vous avez à vous démancher la tête, vous ?

CHALUMEAU. C'est nerveux... c'est nerveux... (*Barbacane remonte près de la fenêtre*). Ce vieillard ne comprend rien de rien.. N'hésitons plus... et sauvons-le malgré lui... (*Aux gardes*). Précipitez-vous sur cet homme... c'est l'instant...

(Les deux gardes s'approchent de Georges.)

GEORGES (*allant à eux*). Tiens ! le père Léonard... Bricolle... Bonjour, mes braves... (*Il leur donne des poignées de main.*)

CHALUMEAU (*stupéfait*) Ah ! ! Ils sont tous de la bande !...

BARBACANE (*près de la fenêtre, à Georges*). Mais... dites-moi... qui est-ce qui a pu vous mettre au courant de... pour la maison? (2)

GEORGES. Qui?.. (*A part.*) Diable !.. (*Haut.*) Mais... mais M. Chalumeau, qui m'a communiqué ces épreuves. ! (*Il lui montre les épreuves.*)

CHALUMEAU (*révolté*). Moi !.. moi !.. permettez...

BARBACANE (*vivement*). Ne vous en défendez pas... vous avez bien fait... c'est intelligent... Quel homme précieux que ce Chalumeau !.. Je double vos gages...

CHALUMEAU. Vous en avez le droit.

BARBACANE. Vous m'avez débarrassé de mon voleur... Vous ne pouviez pas me faire rendre mes couverts... A l'impossible nul n'est tenu... mais enfin...

(1) Barbacane, Georges, Chalumeau.
(2) Georges, Barbacane, Chalumeau, les gardes au-dessus.

SCENE XI.

LES MÊMES. PIQUEPOT (*portant une petite caisse*) BLANCHE, MADAME PIQUEPOT (1).

PIQUEPOT (*entrant par le fond*). Monsieur Chalumeau, on vient d'apporter pour vous cette petite caisse et cette lettre.

CHALUMEAU. Une caisse... une lettre... mais je n'attends rien...

BARBACANE (*prenant la lettre des mains de Piquepot*). Au brave Chalumeau, l'homme sans peur et sans reproche... (*lui tendant la lettre*). C'est bien pour vous... lisez...

CHALUMEAU (*décachetant la lettre*). Lisons... (*lisant*). « Invincible Chalumeau... » Il est de fait que c'est bien pour moi... « Votre éloquence a porté « ses fruits... Je me retire dans les carrières à plâtre « de Montmartre pour y pleurer une vie de forfaits « et de brigandages... et je vous supplie, indomptable Chalumeau, » (*à part*) oui, oui... c'est bien « pour moi ! (*continuant*) de remettre à Monsieur « Barbacane, avec l'assurance de ma haute considération, les trente-cinq couverts d'argent que je lui ai « volés. — Signé Roméo, dit Casse-Poitrine. »

PIQUEPOT (*montrant les couverts*). C'est exact... ils y sont bien...

BARBACANE. Chalumeau !.. étonnant Chalumeau !.. Je triple vos appointements. (*A Georges*). Quant à vous, Georges, je vous rends ma parole... (*faisant passer Blanche près de lui*) (2) et je vous donne ma fille...

GEORGES. C'est cela, et dans huit jours nous volons à l'autel...

CHALUMEAU. Nous volons !... Encore un vol !... Ah ! capitaine, que ce soit le dernier !

CHALUMEAU (*au public*).

Désormais la chose est certaine,
Avec eux je suis enrôlé,
Et, je le constate avec peine,
Moi, seul, hélas! n'ai rien volé. (*bis*).
Or, messieurs, je voudrais bien faire
Sans tarder mes premiers essais,
Et pour commencer, au parterre,
Dérober ce soir un succès.
Oui, je voudrais bien au parterre
Chipper ce soir un p'tit succès.

TOUS.

Oui, nous voudrions au parterre
Chipper un bon petit succès.

(La toile tombe).

(1) Blanche, Barbacane, Georges, Piquepot, Chalumeau, madame Chalumeau.
(2) Barbacane, Blanche, Georges, Chalumeau, madame Chalumeau, Piquepot.

FIN

Paris. — Imprimerie de PILLOY, boulevard Pigalle, 50.

CATALOGUE DE L'ALBUM DRAMATIQUE

Publié par MIFLIEZ, Libraire-Éditeur, Passage Vendôme, 19.

- Minuit! ou un Arrêt du Destin, vaud. en 1 a. . . . 50 c.
- Le Chemin des Amoureux, vaud. en 2 a. . . . . . 1 fr.
- Paquette et Grivet, vaud. en 1 acte . . . . 50 c.
- Un Mari dans l'embarras, v. en 1 acte. . . . . . . 1 fr.
- Les Violettes de Lucette, v. en 2 actes . . . . . . 50 c.
- Une Allumette entre deux feux, vaud. en 1 a. . . 50 c.
- Les Hirondelles, v. en 1 a. 30 c.
- Un Voisin de Campagne, v. en 2 actes . . . . . . 40 c.
- L'argent par les Fenêtres, v. en 3 a. . . . . 50 c.
- Le Porte-Drapeau d'Austerlitz, drame en un acte . . 30 c.
- Le Droit de Visite, v. en 1 a. 50 c.
- Un Doigt de Vin, v. en 1 a. 50 c.
- Les Tirailleurs français, v. en 1 acte. . . . . 30 c.
- Viens, gentille Dame! com.-vaud. en 1 acte . . . . 30 c.
- Une Nuit sur la scène, compte mal rendu, en deux scènes. 75 c.
- Pendant l'Orage, d.-vaud. en 1 acte . . . . 50 c.
- Sur la Gouttière, com.-v. en 1 acte . . . . 50 c.
- Après la Bataille, dr.-v. en 1 a. 30 c.
- Le Raphaël de la Courtille, tabl. 1 a. . . . . 30 c.
- Madame Flambart, v. en 1 a. 30 c.
- Chérubin, com. en 5 a. et 6 tab., avec prologue . . 1 fr.
- Un Papa charmant, c.-v. en 2 actes . . . . 50 c.
- La Perle du Régiment, v. 1 a. 30 c.
- Chien et Chat, c.-v. en 1 a. 50 c.
- Un Mari tombé des nues, v. en 1 a. . . . . 30 c.
- Les Balançoires de l'année, revue de 1852, 5 a. dont 2 entr'actes . . . . 50 c.
- Un Bal à Émotions, v. en 1 a. 50 c.
- Un Relais dans la Manche, v. en 1 a. . . . . 30 c.
- Le Potager de Colifichet, v. 1 a. 50 c.
- La Petite Provence, v. 1 a . 50 c.
- Le Carton vivant, v. 2 a. . . 40 c.
- Les Mémoires de ma Tante, c.-v. en 1 a. . . . . . 50 c.
- La Fille du Hussard, c.-v. 3 a. 30 c.
- Les Orphelines du Faubourg, v. 3 a. . . . . 50 c.
- Une Femme qui s'ennuie, v. en 3 a. . . . . 50 c.
- Marguerite et Bouton d'Or, v. en 1 a. . . . . 50 c.
- La Vieillesse d'une Grisette, v. en 1 acte. . . . . . 50 c.
- Un Gendre en Mi-Bémol, v. en 1 a. 30
- La Question d'Occident, à-propos, en 1 acte . . . . 50 c.
- Le Pêcheur Béarnais, v. 1 a. 50 c.
- Deux Tuiles, v. en 1 a. . . 50 c.
- Pendu ou Marié, v. en 1 a. 50 c.
- Le Violon du Père Dimanche, pièce en 3 a. mêlée de couplets . . . . 50 c.
- A Coups de Bâton, c. en 1 a. mêlée de chants. . . . . 50 c.
- Le Forgeron de Greetna-Green, v. en 2 a . . . . 40 c.
- La Mère Gigogne, revue-v. en 2 a. et 3 tab . . . . 2 fr.
- Nous Marions Papa, c.-v. 1 a. 50 c.
- La Foire aux Plaisirs, revue de 1854, en 3 a. 5 tab . . 50 c.
- Le bel Antinoüs, v. 1 acte . . 50 c.
- Le Festin de Balthasar, pièce de carnaval, 3 a. mêl. de c. . 50 c.
- Nous en ferons un Avocat, v. 1 a. . . . . 30 c.
- Le jeu du cœur, v. en 3 a. 50 c.
- Deux drôles de corps, v. 1 a. 50 c.
- Le Vampire de la rue Charlot, v. 1 a . . . . 50 c.
- L'amoureux d'en face, v. 1 a. 30 c.
- Congé avant midi, folie 1 a. 50 c.
- Un M. qui voit tout en jaune, c.-v. 3 a . . . . 50 c.
- L'enfant du petit monde, v. 3 a. 50 c.
- Une Coutume russe, v. 1 a. 30 c.
- Les Domestiques de Paris, v. 2 a . . . . 50 c.
- Où sont les Pincettes, v. 1 a. 30 c.
- Dzing! Boum! Boum, 1 rev., 3 a., 16 tab . . . . . . 50 c.
- Le Monde, v. 2 a . . . . . . 40 c.
- Le sire de Framboisy, v.-lég. 1 fr.
- Aide-toi le Ciel t'aidera v. 1 a. 50 c.
- Un Suicide à l'Encre rouge, v. 1 a . . . . 50 c.
- Une Action d'Éclat, v. 1 a . 50 c.
- Histoire d'un Châle, v. 2 a . 50 c.
- L'Habit d'un grand Seigneur, v. 2 a. . . . . 50 c.
- La vivandière des Zouaves, 1 a. . . . . 30 c.
- Un Monsieur bien mis, v. 1 a. 50 c.
- S'aimer sans y voir, f.-v. 1 a. 30 c.
- Le Voyage d'Anacharsis, v. 3 a. 5 tab. . . . . . . 50 c.
- Le Jardinier du château, v. 1 a. 30 c.
- Le Moulin du Diable, pant. 2 a. 50 c.
- Une femme qui n'y est pas, v. 1 a. . . . . 50 c.
- Chez Vous chez Nous, chez Moi, v. 3 a. . . . . . . 50 c.
- Un Mariage à propos de bottes, v. 1 a. . . . . . . 50 c.
- Lisette, v. 1 acte . . . . . 30 c.
- Manon de Nivelle, v. 3 a. . 50 c.
- Masque et Visage, v. 1 a. . 50 c.
- Fais la cour à ma femme c.-v. 1 acte. . . . . 30 c.
- Amour et Amour-Propre, v. 1 a . . . . 50 c.
- Monsieur est de la Noce? c.-v. 3 a . . . . 50 c.
- Un Groom de lettres, c.-v. 1 a. 50 c.
- La Lorgnette, c.-v. 1 a. . 50 c.
- L'anneau mystérieux, c.-v. 1 a. 50 c.
- La Cassette à Jeanneton, v. 2 a . . . . 50 c.
- Petit bonhomme vit encore, féerie 15 tab . . . . . . 50 c.
- Les Petits Péchés de la Grand'Maman, v. 1 a. . 50 c.
- Le Porc-Épic de Charles-Quint, v. 1 a . . . . 50 c.
- Ne Touchez pas à l'Échelle, v. 1 a. . . . . 50 c.
- Page et Pensionnaire, v. 1 a. 50 c.
- L'Agent matrimonial . . . 50 c.
- Un Chapitre de Balzac, c.-v. 2 a. . . . . 50 c.
- Pages et Poissardes, v. 2 a. 50 c.
- Tout pour l'honneur, d. 5 a. 60 c.
- Les Jockeys improvisés, v. 1 a. 30 c.
- Le Père prodige, v. 1 a . . 50 c.
- Maître Cabochard, v. 1 a. . 50 c.
- 4 femmes sur les bras, v. 1 a. 50 c.
- L'œuf de Pâques, v. 1 a. . 50 c.
- Le Voisin de l'avare, v. 1 a. 50 c.
- Puisque des rois épousaient des bergères. . . . . . 50 c.
- Le Donjon du Maure, dr. 5 a. 60 c.
- Une Botte de foin dans un violon, vaud. 1 a. . . 50 c.
- M. Croquemitaine, v. 1 a. . 50 c.
- Le Voyage à Vienne, v. 1 a. 50 c.
- Quelle mauvaise farce! v. 1 a. 50 c.
- L'hôtel des haricots, v. 1 a. 50 c.
- Les Fureurs de l'amour, tragédie burlesque, 1 a. . . 50 c.
- Les Bourgeoises de Paris, v. 3 a.. . . . . 25 c.
- Galuchon, opérette, 1 a. . . 50 c.
- Les Anciens et les Nouveaux, v. 1 a. . . . . 50 c.
- Mon gigot et mon gendre, v. 2 a. . . . . 50 c.
- Les Portraits dramatiques, bluette-v. 1 a. . . . . 50 c.
- Dans une cave, v. 1 a. . . 50 c.
- Impôt sur les célibataires. . 50 c.
- On demande des domestiques, v. 1 a. . . . . . 50 c.
- Les couverts d'argent, v. 3 a. 50 c.

Paris. — Typ. Pilloy, boulevard Pigale, 50.

www.ingramcontent.com/pod-product-compliance
Ingram Content Group UK Ltd.
Pitfield, Milton Keynes, MK11 3LW, UK
UKHW022210190726
13855UKWH00004B/1694

9 782013 068437